# Adulto Mayor: Activa la Mente

## 30 FICHAS DE ESTIMULACIÓN COGNITIVA

2

**A Mariana,**
Por su apoyo incondicional
al realizar todas estas actividades

3

# INTRODUCCIÓN

En este breve manual pongo a tu disposición una serie de 30 fichas de actividades que realizo continuamente en con un grupo de adultos mayores en una residencia. Todas estas actividades han sido descritas antes en mi canal de YouTube, mismo que te dejo a continuación para que las revises y te suscribas:

https://www.youtube.com/chrisnunezpsicologo

En este documento sintetizo brevemente la información que he ido adquiriendo realizando actividades con personas adultas mayores. Este manual va dirigido tanto a psicólogos como a familiares que buscan realizar actividades con personas mayores para que sigan estimulando su mente.

Al comienzo te doy brevemente una definición de lo que es la estimulación cognitiva y cómo puedes usar este manual para preparar una sesión de actividades para trabajar la mente de las personas mayores, ya sea que las realices de forma individual o grupal.

Posteriormente te dejo algunos de los consejos fundamentales sobre cómo trabajar la estimulación cognitiva, esto te será útil sobre todo si nunca has realizado actividades de este tipo o si no estás iniciado en el mundo de la neuropsicología.

Para finalizar la parte introductoria describo lo que es el Deterioro Cognitivo Leve y la Demencia; porque es muy probable que alguno de los adultos mayores con quien desees poner en práctica estas actividades padezca uno de estos males.

En la siguiente parte aparecen las 30 fichas de estimulación cognitiva, son la piedra angular de por qué buscaste este manual. Ahí te explico de qué se tratan las actividades y cómo realizarlas.

Te comento que estas 30 fichas son parte de una serie de 100 actividades de estimulación cognitiva que todavía me encuentro desarrollando en mi canal de YouTube. Si quieres tener las nuevas actividades en cuanto salgan te invito a que te suscribas al canal.

Al finalizar el manual te dejo dos hojas que pueden serte útiles, una es de los enlaces a todos los videos de mi canal donde se describen estas actividades y la segunda es una tabla donde aparecen las actividades clasificadas por área de intervención (memoria, atención, lenguaje, etcétera).

La última sección es una invitación a que conozcas un poco más de mi y que te pongas en contacto conmigo. Espero que este breve manual te sea útil y te diviertas realizando estas actividades con tu abuelo o tu abuela.

# INTRODUCCIÓN A LA ESTIMULACIÓN COGNITIVA

Reavivar capacidades mentales de los adultos mayores ha generado mucho interés desde que comenzamos a comprender nuestra plasticidad cerebral. Y es que ahora sabemos que aunque la edad avanzada es uno de los mayores factores de riesgo para presentar deterioro cognitivo, y también existe la estimulación cognitiva en adultos mayores que permite mantener e impulsar procesos complejos de pensamiento.

En principio es fundamental saber ¿qué es la estimulación cognitiva? Es un tipo de intervención sin fármacos que tiene como principal objetivo incrementar la actividad mental que realiza un adulto mayor adaptándola a su nivel de capacidad para mejorar su calidad de vida. Entonces, la estimulación cognitiva en adultos mayores es importante porque se sabe que el grado de deterioro cognitivo está asociado a un mayor índice de dependencia.

La estimulación cognitiva es una técnica que usamos en neuropsicología para mantener y mejorar las capacidades mentales. Su uso está ampliamente recomendado por neurólogos y neurocientíficos de todo el mundo. En conjunto con la actividad física, la estimulación cognitiva forma parte indispensable de cualquier programa de tratamiento de adultos mayores que presenten deterioro cognitivo, y puede ayudar a aquellos con un envejecimiento normal a mantener activo el cerebro.

En general, podemos decir que se tratan de ejercicios diseñados para continuar la actividad mental cuando la persona ha abandonado otras actividades que tenían este mismo fin.

Por ejemplo, una persona que ha abandonado muchas de las actividades que antes realizaba como su trabajo o un pasatiempo, ahora puede realizar estos ejercicios para evitar que su cerebro se vuelva flojo. Se puede decir que la estimulación cognitiva suple el ejercicio mental que antes realizaba la persona continuamente con todas sus actividades cotidianas y que por alguna razón ha dejado de hacer.

Aunque la estimulación cognitiva no es (ni debe ser) el único tratamiento para personas mayores con deterioro cognitivo, sí está ampliamente recomendado en cualquier guía de cuidados.

Es fundamental que antes de comenzar se haya realizado una evaluación neuropsicológica para identificar fortalezas y debilidades del adulto mayor, por ejemplo, piensa en un adulto mayor ficticio que presenta un déficit importante en la memoria episódica pero que su capacidad de atención se mantiene preservada. Una vez que se ha realizado la evaluación, ahora sí se puede comenzar a utilizar las fichas de estimulación cognitiva para adultos mayores contenidas en este manual.

## ¿CÓMO ORGANIZAR UNA SESIÓN DE ESTIMULACIÓN COGNITIVA CON ESTE MANUAL?

A continuación te describo una forma de organizar las actividades de estimulación cognitiva en una sesión dirigida a un adulto mayor.

Las sesiones deben comenzar siempre con ejercicios sencillos para la persona, es decir, utilizar fichas de actividad que trabajen procesos cognitivos en los que la persona ha mostrado un buen desempeño. Siguiendo con el ejemplo anterior, si la persona conserva adecuadamente el proceso de atención, entonces se debe iniciar con ese tipo de actividades. La actividad #4 Vasos Veloces, es útil para este caso.

Después de unos minutos con una actividad que la persona pueda realizar con un resultado que lo motive, es necesario pasar al siguiente ejercicio de estimulación cognitiva. Es hora de introducir un ejercicio más retador. ¡Mucho ojo aquí! Al calcular la dificultad de un ejercicio siempre es mejor ir de menos a más, una actividad que la persona sea incapaz de resolver no será benéfica en ningún sentido, e incluso puede generar malestar y frustración.

La actividad #3 Emparejados, funciona perfecto para estimular la memoria episódica en esta población, así nos ayudará a que sea un ejercicio más retador para nuestro participante. Esta fase debe continuar un lapso de 15 a 20 minutos pero debe realizarse diariamente. Es muy importante llevar el registro con las fichas de actividad y siempre comenzar en un nivel que a la persona le permita contestar de forma acertada e incrementar paulatinamente la dificultad.

La última fase sigue el mismo principio que la primera, los ejercicios de estimulación cognitiva deben enfocarse en procesos indemnes de la persona.

# CONSEJOS PARA EMPEZAR CON LA ESTIMULACIÓN COGNITIVA

Debido a que las quejas de memoria son tan comunes en los adulto mayores y a que el deterioro cognitivo leve se presenta frecuentemente en esta población, muchas personas se preguntan acerca de cómo trabajar la mente.

A continuación describo algunos consejos básicos para quien planea realizar estimulación cognitiva con adultos mayores.

## CONSEJO 1. UTILIZAR MATERIAL QUE SEA FAMILIAR.

Uno de los principales errores de las personas que desean estimular le mente, es creer que las actividades deben ser en extremo complejas, con muchísimas reglas y que requieren mucho tiempo de entrenamiento para hacerlas correctamente, por ejemplo, el ajedrez.

No estoy diciendo que jugar ajedrez no sea un excelente ejercicio mental, pero si lo deseas trabajar con adultos mayores debe usarse únicamente si la persona previamente sabía jugarlo. Este es uno de los principios fundamental de la estimulación cognitiva: usar siempre material con el que el participante se sienta familiarizado.

En neuropsicología llamamos a este principio "ecológico". Y a lo que se refiere es que debes preferir utilizar actividades, materiales y dinámicas que la persona haya usado a lo largo de su vida. Esto para nada limita tus actividades, piensa que son adultos mayores y han tenido muchísimas experiencias diversas, incluso puedes buscar en sus pasatiempos de antaño.

Es por ello que yo prefiero utilizar para mis actividades juegos tradicionales (como fichas de dominó o naipes de la baraja inglesa) antes que ejercicios por computadora (aunque estos también son muy útiles).

## CONSEJO 2. SÉ SIMPLE.

El segundo consejo es sobre mantener las actividades de forma simple. Supongamos, para seguir el mismo ejemplo que en el consejo anterior, que deseas estimular la mente jugando ajedrez; entonces te tomará un tiempo muy prolongado explicar la infinidad de reglas que posee ese juego, entonces generarás frustración, aburrimiento y sobre todo, no se cumplirá el objetivo inicial.

Por eso es mejor que todas las instrucciones para las actividades de estimulación cognitiva sean lo más simples posible. Esto tiene muchas ventajas, aquí te dejo algunas:

- Las instrucciones simples son más fáciles de recordar. Así podrás estar seguro que estás trabajando el objetivo que deseas y no la capacidad de recordar las instrucciones.
- Si es simple, se entiende mejor. Mientras más explicaciones tenga tu actividad es cada vez más complicado entenderlas para los participantes ¡y para ti mismo!
- Explica menos, trabaja más. Muchos adultos mayores pueden tener problemas auditivos o déficit de memoria, lo que hace que se pierdan si tu das una instrucción de manera grupal o que dura mucho tiempo, así que vas a tener que repetirla muchas veces. Repite tus instrucciones cuantas veces sea necesario y para evitar tu cansancio haz tus explicaciones cortas.
- No existe una regla sobre que tan extensa debe ser la instrucción de una actividad, pero si la puedes recortar a una sola oración que puedas repetir hasta el cansancio durante tu actividad, es mucho mejor.

## CONSEJO 3. ADMINISTRA TÚ TIEMPO.

En ocasiones pensamos que para estimular la mente de una persona mayor necesitamos material muy elaborado y entonces invertimos una gran cantidad de tiempo (o dinero) consiguiendo o elaborando dicho material. Tanto es así que a veces invertimos más tiempo en crear el material que en realizar la actividad. E incluso cuando tenemos el mejor material, nos damos cuenta que subestimamos o sobreestimamos las capacidades del participante y ya no lo podemos modificar.

Como a mi me pasó esto mil veces, decidí que tenía que usar material previamente elaborado, de bajo costo, multifuncional y que yo mismo pudiera graduar el nivel de dificultad de las tareas con modificaciones simples. Si quieres ejemplos de ello te invito a revisar mi canal de youtube.

El tip para este consejo es: nunca uses más tiempo para preparar el material que para realizar la actividad.

## CONSEJO 4. PIENSA EN LA PERSONA, NO EN EL DETERIORO.

Cuando desees desarrollar una actividad de estimulación mental, no pienses en el deterioro cognitivo o en la vejez, piensa en la persona.

Te digo esto porque muchas veces nos concentramos mucho en los déficits que presenta una persona o en su condición de adulto mayor, y por lo tanto excluimos algunas actividades que pensamos que no les serán atractivas solo por eso.

Por ello es mejor pensar en la persona con la que trabajarás, antes que anteponerle la etiqueta de viejo o enfermo. Esto es básico para realizar la estimulación cognitiva, debido a que el desempeño en las actividades puede variar según la motivación del participante. A mayor motivación, mejor desempeño.

Y desde luego, se encontrará más motivado a trabajar si los materiales y la actividad están relacionados con él y con su historia de vida.

En este manual trato de hacer las actividades de modo que no parezcan tan ajenas a la población con la que yo trabajo. Y en cierta medida asumo que muchas personas mayores tienen factores comunes, por ello uso materiales que les resulten familiares.

Sin embargo, es fundamental realizar actividades que sean significativas y que tomen en cuenta los gustos y preferencias de los participantes. Si tienes un fan de los coches, haz la actividad #17 (gato sin garabato) de este manual con imágenes de coches en lugar de etiquetas adhesivas genéricas.

# DETERIORO COGNITIVO LEVE

El Deterioro Cognitivo Leve (DCL) se refiere a un declive de las capacidades mentales que no afecta la capacidad de una persona para llevar a cabo una vida independiente. Es decir, que a pesar del déficit mental, la persona puede poner en marcha distintas estrategias para compensar esa pérdida.

El DCL es una disminución importante de las capacidades mentales como la memoria y la atención que ocasiona un mayor esfuerzo para que la persona realice sus actividades de la vida diaria. Es el punto intermedio entre el envejecimiento normal y la demencia, que requiere de un diagnóstico temprano para realizar un tratamiento oportuno.

Los síntomas del DCL son muy variados. Los más comunes son problemas de memoria para recordar cosas como citas con amigos y familiares, conversaciones que se tuvieron recientemente o tomar los medicamentos, entre otros.

Sin embargo, los problemas de memoria no son el único síntoma, existen diferentes tipos de DCL dependiendo de las capacidades mentales que afecta:

- DCL amnésico: cuando las capacidades que se ven reducidas son las que están relacionadas con el almacenamiento o evocación de los recuerdos.
- DCL no-amnésico: cuando el declive mental afecta capacidades que no están relacionadas con la memoria, como lo son el lenguaje (p.ej. fallo para encontrar las palabras), la atención (p.ej. dificultad para regresar a hacer una actividades si se le distrae) o las funciones ejecutivas (p.ej. dificultad para planear eventos sociales como cenas o fiestas).
- DCL dominio único: cuando el déficit afecta exclusivamente una de las capacidades mentales como atención, memoria, lenguaje o funciones ejecutivas.
- DCL multidominio: cuando se ven alteradas más de una de las capacidades mentales enunciadas anteriormente.

Las causas del DCL se pueden dividir en dos tipos: las causas reversibles y las no reversibles. Entre las causas reversibles se encuentran las infecciones, déficit de vitamina B12, depresión, enfermedad tiroidea, efectos secundarios de medicamentos, trastornos del sueño, y muchos más, por lo que es fundamental que un médico especialista haga un chequeo completo. En las causas no reversibles podremos encontrar inicios de enfermedades neurodegenerativas como el Alzheimer.

Durante el curso de la vida existen diversos factores de riesgo para desarrollar algún tipo de deterioro cognitivo y demencia, contrarios al envejecimiento normal. Dentro de los factores demográficos se encuentran la edad muy avanzada y el nivel educativo bajo; los genéticos como la presencia del alelo APOE; los médicos, que incluyen los antecedentes de enfermedad cardiovascular, hipertensión, colesterol alto y diabetes; los psiquiátricos, principalmente la depresión, trastornos de ansiedad y trastorno de estrés postraumático; el traumatismo craneoencefálico; y finalmente, los hábitos en el estilo de vida como fumar o consumir alcohol en exceso.

Conocer la causa del DCL es importante para poder determinar el pronóstico del paciente, por ejemplo, si se trata de una enfermedad degenerativa el declive será progresivo y gradual, mientras que si es consecuencia de otra afección médica el deterioro puede no incrementarse.

La forma de prevenir el DCL es acumular la mayor cantidad de factores protectores, entre los que destacan: tener una alimentación balanceada rica en verduras y pescado, realizar ejercicio de forma rutinaria por lo menos 30 minutos cinco veces a la semana y mantener activo el cerebro con actividades desafiantes por ejemplo, aprendiendo un nuevo idioma o aprender a tocar un instrumento.

Es importante atender a las personas con sospecha de DCL porque esta enfermedad es considerada un punto intermedio entre el envejecimiento normal y la demencia, donde muchos casos en los que los cambios en la memoria terminan desarrollando un déficit severo que imposibilita la vida independiente.

Las herramientas diagnósticas que han sido útiles para realizar el diagnóstico de DCL son una historia clínica profunda del paciente, una evaluación neuropsicológica y los estudios de neuroimagen como resonancia magnética y tomografía por emisión de positrones. El diagnóstico definitivo debe realizarlo un neurólogo en base a esta información.

Algunos de los medicamentos que han mostrado beneficios mejorando las capacidades mentales en personas con DCL son los inhibidores de la aceltilinesterasa, que mejorar el funcionamiento general y la capacidad de realizar actividades de la vida diaria.

Aunque el DCL no es exclusivo de los adultos mayores, si es esta población la que mayor riesgo presenta para desarrollar este tipo de enfermedad, por lo que es fundamental que familiares y amigos que comienzan a detectar fallos en memoria, u otras capacidades, acudan a consulta con un médico especialista, preferentemente un geriatra que pueda brindar la atención necesaria a cada caso.

Los ejercicios que puede realizar una persona con DCL son muy variados, pero todos deben de partir de una evaluación neuropsicológica que detecte fortalezas y debilidades cognitivas individuales; después se prescribirán ejercicios específicos que pueden ser de utilidad para mantener las capacidades mentales. Las fichas de este manual está particularmente pensadas en este tipo de paciente.

Algunas recomendaciones generales para pacientes con DCL son las siguientes:

- Valoraciones neuropsicológicas periódicas. Es importante monitorear el estado mental constantemente para identificar las capacidades del afectado con el paso del tiempo.
- Activación física y dieta adecuada. Debe mantenerse un adecuado régimen de actividad física y una alimentación saludable, por lo que se recomienda realizar ejercicio diariamente y asistir a una consulta en nutrición.

- Estimulación cognitiva. Se recomienda mantener la estimulación de los procesos cognitivos mediante ejercicios, este manual está pensado para servir sobre este tema.
- Supervisión en actividades instrumentales de la vida diaria. Es importante que actividades fuera de casa sean mayormente supervisadas (p.ej. en el manejo de dinero) y actividades como conducir podrían no estar recomendadas.

# DEMENCIA

La demencia es una enfermedad que aparece principalmente en adultos mayores y los incapacita para desarrollar una vida independiente. Ahora te explicaré porqué es importante que conozcas acerca de la demencia y cómo puedes detectarla de manera temprana.

¿Cuántas personas viven con demencia?

Prevenir, diagnosticar y tratar esta enfermedad es apremiante por dos razones: 1) que cada vez hay más adultos mayores en México y en el mundo; y 2) en México el 8% de las personas de más de 60 años padece esta enfermedad, esto equivale a aproximadamente unos ¡880 mil casos!

Para que te des una idea de la magnitud del problema: En 2015 la asociación Internacional de Enfermedad de Alzheimer (ADI), estimaba que 46.8 millones de personas viven con demencia a nivel mundial; pero este número va en aumento y para el 2030 pronostican 74.7 millones y 131.5 millones en 2050.

¿Por qué es tan incapacitante?

La demencia es tan incapacitante porque afecta todas las capacidades mentales que una persona necesita para sobrellevar su día a día. Por ejemplo, imagina tu día sin la capacidad para recordar los pendientes que debes realizar como pagar la factura del agua y la luz, o que en el supermercado no puedas decirle al encargado el nombre de los productos que deseas comprar.

¡Así es! Así de incapacitante es la demencia, y eso es solo en las fases iniciales. Posteriormente avanza hasta volverte incapaz de utilizar los objetos cotidianos, lo que impide que te puedas vestir de forma correcta, y pierdes la capacidad de reconocer rostros familiares.

Se tiene la firme creencia de que la demencia es únicamente la pérdida de memoria y entonces, cuando mi familiar puede recordar perfectamente el pasado remoto, uno piensa: "pues claro que no es demencia, si se acuerda de todo" ¡y esto es un grave error!

Esto ocurre porque en ciertos casos, la demencia comienza afectando las células un área del cerebro llamada hipocampo (sí, como el caballito de mar) que se encarga de la memoria, pero no toda la memoria, sino específicamente el almacenamiento de nuevos recuerdos a corto plazo. Es decir que la persona no va a poder recuperar las instrucciones o conversaciones que tuvo recientemente aunque se le repitan decenas de veces, pero va a poder recitarte una y otra vez la historia de su boda.

Esta particularidad de la demencia la vuelve complicada para los cuidadores y muchas veces he escuchado a algunos de ellos decir cosas como: "solo se acuerda de lo que le conviene", "cómo no se le olvida que tiene que cobrar la pensión", "por qué no se le olvidan las groserías" o "está fingiendo".

Todas estas frases sobrecargan al cuidador que no logra comprender porque algunos recuerdos se encuentran más conservados que otros y en ocasiones se transforman en situaciones de maltrato. Conocer los síntomas de la demencia ayuda a aliviar, al menos en parte, esta sobrecarga del cuidador. Y poco a poco vamos aprendiendo que el que tiene que entender no es el afectado sino uno mismo.

Pero no siempre el deterioro mental de la demencia se manifiesta en trastorno de la memoria. Se puede presentar con alteraciones del lenguaje, por ejemplo, la persona no puede nombrar a los objetos. Uno de mis pacientes presentaba este síntoma y cuando quería decir "leche", tenía que pedir "lo blanquito". Con otra paciente, cuando le mostré el dibujo de una serpiente, la llamó "la que se arrastra", pero nunca pudo decir su nombre.

Otras manifestaciones, aunque reportadas en menor medida por los familiares, son cambios en la personalidad que a veces se atribuyen únicamente a la vejez. Por ejemplo, la persona puede mostrarse muy desinhibida cuando siempre había sido muy recatada. Manifestaciones de ello son el hablar con muchas groserías, pasar por alto la opinión de los demás o cambios de humor muy abruptos.

¿Cómo se realiza el diagnóstico?

La demencia debe diagnosticarla un médico neurólogo tras una serie de estudios de laboratorio, neuroimagen y test neuropsicológicos que permitan descartar otras causas de deterioro cognitivo reversibles (por ejemplo, trastornos metabólicos, tiroideos, depresión y un largo etcétera).

Al día de hoy ya no es suficiente decir que una persona tiene demencia, además, debe de especificarse la causa de la misma. Las causas más comunes en el mundo es la Enfermedad de Alzheimer y la demencia por Enfermedad Vascular. Se debe especificar la causa por una razón fundamental: permite saber el pronóstico del deterioro. Algunos tipos de demencia son progresivos, mientras que otros se pueden mantener bastante estables si se regulan los desencadenantes. Además, permite la toma de decisiones personales, legales y terapéuticas.

Pero ¿se puede detectar de manera temprana? Si, de hecho, la Asociación Internacional de Geriatría y Gerontología recomienda que toda persona de 70 años o más debería realizarse una prueba de capacidades cognitivas en su centro de salud. En muchas ocasiones este tipo de evaluaciones pueden arrojar signos de alerta.

El profesional indicado para la evaluación de las capacidades cognitivas es un neuropsicólogo clínico, quien puede aplicar una serie de exámenes de la memoria y otros procesos cognitivos de manera más profunda.

# 30 FICHAS DE ESTIMULACIÓN COGNITIVA

A continuación aparecen 30 fichas de estimulación cognitiva dirigidas a adultos mayores, en este apartado describo el funcionamiento de las mismas para desarrollar un taller o sesiones individuales.

Los elementos que deben contener las fichas de estimulación cognitiva para usarlas con el adulto mayor deben contener los siguientes apartados:

1. Nombre del participante y fecha. Cada participante debe tener su propia ficha de actividad, incluso si se realiza la actividad en grupo, cada uno de los participantes en el grupo deben tener una ficha que corresponda a la actividad que realizarán ese día. El apartado de fecha indica el día en que se realiza esa actividad. Es muy importante tener en cuenta que puede usarse la ficha de actividad en más de una fecha, por lo que pueden añadirse más de una fecha para ver el progreso de cada uno de los participantes en una misma actividad.

2. Áreas de intervención. Cada una de las fichas de actividad está pensada en trabajar algún proceso cognitivo en particular, sin embargo, los procesos que aparecen en ese apartado no son los únicos que se trabajan en cada actividad. Al final de este manual se encuentra un apartado titulado fichas de actividad por área de intervención, esto es útil para planificar una sesión de estimulación cognitiva dirigida a procesos específicos.

3. Descripción de la actividad. Aparece una breve descripción del tema central de la actividad.

4. Material. Aquí se especifica los materiales necesarios para realizar las actividades descritas en las fichas de estimulación cognitiva. Estos materiales son sugeridos y debes adaptarlos a las preferencias del participante o grupo, tomando en cuenta los consejos descritos en el apartado anterior.

5. Instrucciones. Se describen las instrucciones para realizar las actividades, es preferible NO SEGUIRLAS AL PIE DE LA LETRA, es mejor hacer las adaptaciones pertinentes cuando el participante o grupo así lo requieran. Sobre todo porque los adultos mayores pueden presentar muchas deficiencias sensoriales, entonces una actividad que originalmente debía ser visual, se pueda cambiar por algo auditivo. En algunos casos aparece en este mismo apartado algunas sugerencias para incrementar el nivel de dificultad o disminuirlo según se requiera para el participante. Es recomendable que cualquier modificación que se haga al realizar la ficha de estimulación cognitiva se anote, para que pueda revisarse en un futuro.

6. Ficha de actividad. Esta es una hoja de registro para anotar el desempeño del participante en la actividad, viene el número del ejercicio y un apartado de ejemplo, pues es obligatorio comenzar la actividad hasta que el participante haya entendido lo que debe hacer. Después aparecen un apartado de tres ensayos con una paloma✓ y una cruz ✗ para indicar si el participante realizó el ensayo de forma correcta o incorrecta. Es preferible hacer tres ensayos en un mismo nivel y posteriormente pensar en subir o bajar el nivel de dificultad dependiendo el desempeño del participante. Existe también un apartado más en la hoja de registro para colocar el tiempo de ejecución, no es absolutamente necesario utilizar todos los apartados que se muestran en las fichas de actividad, estos son opcionales y dependen de la intención que se tenga de utilizarlos. Por ejemplo, si las realiza un familiar, no es importante llevar un registro tan riguroso; pero si se realizan para un proceso más formal de rehabilitación, entonces será necesario llenarlos para tener un control de los desempeños.

7. Video. Todas las actividades tienen un enlace al canal de YouTube donde aparecen las instrucciones por si quedaran dudas de cómo realizar los ejercicios de estimulación cognitiva. Todas los videos están en mi canal:

https://www.youtube.com/chrisnunezpsicologo

## ACTIVIDAD 1. CARTA PERDIDA.

Áreas de intervención:
- Atención selectiva y atención sostenida.

Material:
- Mazo de cartas (por ejemplo una baraja inglesa pero sirve cualquier tipo de cartas con los que el participante se sienta familiarizado).

Descripción de la actividad:
- Encontrar rápidamente la carta faltante de una serie.

Instrucciones:
- Agrupar del mazo de cartas todas las que sean del mismo palo y sacar los naipes de figuras. Quedarse solamente con las cartas del 1 (as) al 10, separadas por los cuatro diferentes palos (diamantes, espadas, tréboles y corazones).
- Tomar las cartas de un solo grupo, barajarlas y distribuir cara arriba todos los naipes frente al participante excepto uno.
- Decir "aquí están los números del 1 (as) al 10, pero falta uno, ¿cuál es?"
- Se puede aumentar la dificultad de este ejercicio aumentando el número de cartas que hay que encontrar y el número de palos (diamantes, espadas, tréboles y corazones) que se distribuyen.
- Tomar las cartas de dos grupos de palos, barajarlas y distribuir cara arriba todos los naipes frente al participante excepto uno de cada palo.
- Decir "aquí están los números del 1 (as) al 10, pero falta uno de (por ejemplo) corazones y uno de (por ejemplo) espadas, ¿cuáles son?"
- La dificultad más alta del ejercicio se alcanza al distribuir los cuatro grupos de cartas (de los cuatro palos del mazo) y ocultar cuatro naipes (uno por palo).

Video:
- http://bit.ly/Actividad1-2-3

## ACTIVIDAD 2. OBJETO OCULTO.

Áreas de intervención:
* Memoria episódica y memoria de trabajo.

Material:
* Baraja de juego tradicional de lotería (por ejemplo, pero sirve cualquier tipo de cartas con los que el participante se sienta familiarizado).
* Cronómetro.

Descripción de la actividad:
* Memorizar una serie de imágenes y decirlas con unos segundos de demora.

Instrucciones:
* Revolver la baraja de cartas del juego tradicional de lotería. Sacar tres cartas y colocarlas cara arriba frente al participante.
* Para mejorar el registro de la información, pedir al participante que nombre las cartas que tiene frente a él (por ejemplo la luna, el soldado y la botella).
* Una vez que ha nombrado las cartas, recolectarlas y barajarlas durante 10 segundos. Después colocar dos cartas cara arriba y una más boca abajo.
* Decir "aquí están dos cartas, pero falta una, ¿cuál es?"
* Se puede aumentar la dificultad de este ejercicio aumentando el número de cartas que hay que memorizar y retrasando la evocación con una actividad de interferencia (por ejemplo, restar de 3 en 3 a partir de 100).
* Conforme el participante responda correctamente a la consigna de las instrucciones anteriores se debe aumentar el tiempo de la latencia de la evocación. En lugar de únicamente barajar las cartas durante 10 segundos pedir al participante restar de 3 en 3 a partir de 100 durante 20 segundos (tarea de interferencia).
* Al responder correctamente aumentar una carta. Al responder incorrectamente reducir una carta.

Video:
* http://bit.ly/Actividad1-2-3

## ACTIVIDAD 3. EMPAREJADOS.

Áreas de intervención:
- Memoria episódica y memoria de trabajo.

Material:
- Dos mazos de cartas tipo inglesa (pero sirve cualquier tipo de cartas con los que el participante se sienta familiarizado).

Descripción de la actividad:
- Memorizar una serie de cartas y luego emparejarla con la que es igual.

Instrucciones:
- Seleccionar tres parejas de cartas iguales (p.ej. una pareja de dos, una pareja de cincos y una pareja de ochos del mismo palo y color).
- Tomar una carta de cada par y colocarlas frente al participante boca abajo.
- Mostrar una vez cada una de las cartas y pedir al participante que nombre la carta que salió. Después volver a poner boca abajo la carta y continuar con las cartas restantes hasta haberlas mostrado todas.
- Una vez que han mostrado todas las cartas, tomar las parejas de las cartas que se habían seleccionado previamente. Sacar una y decir: "aquí tengo una carta, ¿con cuál hace par?" (mientras se señalan las cartas que permanecen boca abajo).
- Continuar hasta hacer los tres pares.
- Al igual que actividades anteriores, la dificultad reside en el número de cartas a memorizar y la demora de la respuesta (p.ej. en lugar de pedirle al participante que inmediatamente responda a la tarea de emparejar, pedirle que haga una tarea de restar de 3 en 3 a partir de 100).
- Conforme el participante responda correctamente a la consigna de las instrucciones anteriores se debe aumentar el tiempo de la latencia de la evocación. En lugar emparejar de inmediato pedir al participante restar de 3 en 3 a partir de 100 durante 10 segundos (tarea de interferencia). Al responder correctamente aumentar una carta. Al responder incorrectamente reducir una carta.

Video:
- http://bit.ly/Actividad1-2-3

## ACTIVIDAD 4. VASOS VELOCES.

Áreas de intervención:
- Atención selectiva y atención alternante.

Material:
- De tres a cinco vasos de rojos desechables (no transparentes) y tarjetas con los números del uno al cinco (pueden ser de la baraja inglesa).
- Cronómetro.

Descripción de la actividad:
- Mantener la atención en unos vasos que se moverán y descubrirlos en orden.

Instrucciones:
- Tomar tres vasos rojos y colocarlos en forma de triángulo (uno arriba y dos abajo) frente al participante.
- Colocar dentro de cada uno de los vasos las tarjetas con los números del uno al tres (una carta o tarjeta por vaso). Es importante que el participante observe qué número está en cada vaso.
- Decir "voy a cambiar el orden de estos vasos, usted debe concentrarse en el vaso con el número uno y no perderlo de vista, porque le pediré que cuando yo termine lo descubra".
- Cambiar los vasos de lugar intercambiándolos entre ellos (p.ej. cambiar el vaso con el número uno por el número dos). Realizar estos movimientos durante 30 segundos uno cada cinco segundos.
- Decir "ahora, dígame ¿dónde quedó el vaso con el número uno?".
- La actividad inicial de este ejercicio es de una dificultad básica. Después de haber completado esta fase se debe pedir al participante que mantenga la atención en dónde se quedó el vaso con el número uno y el vaso con el número dos, posteriormente los descubra en orden.

- Realizar esta actividad encontrando el número uno y dos, es retador para un adulto mayor. Si logra dominar este nivel puede añadirse uno o dos vasos, siempre pidiéndole que los descubra en orden. Si es muy difícil el ejercicio, el nivel de dificultad puede añadirse aumentando las veces que se cambian los vasos de lugar, pasando de una vez cada cinco segundos a una vez cada cuatro o cada tres segundos.

Video:
- http://bit.ly/Actividad4-5-6

## ACTIVIDAD 5. ENCUENTRA A LA REINA.

Áreas de intervención:
- Atención selectiva y atención sostenida.

Material:
- Un mazo de cartas (por ejemplo una baraja inglesa pero sirve cualquier tipo de cartas con las que el participante se sienta familiarizado).
- Cronómetro.

Descripción de la actividad:
- Encontrar el naipe de la reina de corazones que se oculta y se mueve.

Instrucciones:
- Tomar tres naipes, uno de ellos será la reina de corazones (carta objetivo) y otras dos que actuarán como distractores.
- Colocar los tres naipes frente al participante haciendo una fila y decir "observe estos naipes, concéntrese en la reina de corazones, porque los voy a revolver y usted deberá encontrarla después".
- Colocar boca abajo los tres naipes e intercambiarlos de lugar (por ejemplo, el naipe uno con el naipe dos, etc.) con movimientos lentos cada cinco segundos durante 30 segundos.
- Al finalizar el tiempo decir "¿dónde quedó la reina de corazones?".
- Esta actividad busca estimular la atención sostenida, por lo tanto la manera de incrementar la dificultad es aumentar el tiempo durante el cual se mueven las cartas. No se debe reducir el intervalo en el que se hacen los cambios (de cinco segundos).

Video:
- http://bit.ly/Actividad4-5-6

33

## ACTIVIDAD 6. DOMINA EL DOMINÓ.

Áreas de intervención:
- Memoria de trabajo.

Material:
- Un juego de dominó.

Descripción de la actividad:
- Recordar el número puntos en una ficha que se ha mostrado con anterioridad.

Instrucciones:
- Colocar 10 fichas de dominó boca abajo en una fila frente al participante.
- Decir "ahora voy a mostrarle una ficha y usted no me dirá nada, después la ocultaré y le mostraré la siguiente ficha, entonces usted me responderá ¿cuántos puntos tenía la ficha anterior que le mostré?".
- Luego mostrar la primer ficha y pedir que no diga nada, después, ocultar la ficha boca abajo.
- Mostrar la siguiente ficha y decir "¿cuántos puntos tenía la ficha anterior?".
- Se puede aumentar la dificultad de este ejercicio de dos formas: 1) aumentando el número de fichas a mostrar y 2) aumentando el número de fichas que debe recordar antes de responder siguiendo estas instrucciones:
- Decir "ahora voy a mostrarle una ficha y después una segunda ficha, usted no me dirá nada, después las ocultaré y le mostraré una tercera ficha, entonces usted me responderá ¿cuántos puntos tenía la primera ficha que le mostré?".
- Esta actividad puede ser compleja al principio pero puede realizarse con éxito después de unos intentos.
- Estas instrucciones también son útiles para la Actividad 27. Efecto Stroop.

Video:
- http://bit.ly/Actividad4-5-6

34

**ACTIVIDAD 7. DAMA FALTANTE.**

Áreas de intervención:
- Memoria episódica viso-verbal.

Material:
- Un juego de damas chinas o una bolsa con canicas de diversos colores.

Descripción de la actividad:
- Recuperar el nombre del color de una canica faltante en un conjunto.

Instrucciones:
- Colocar de una por una y en forma aleatoria cuatro canicas frente al participante. Las canicas deben ser de diferentes colores y pueden repetirse. Por ejemplo coloca una canica azul, una roja, una verde y una blanca (debe haber por lo menos seis variedades de colores).
- Decir "aquí hay canicas de diferentes colores, quiero que los recuerde porque quitaré una y usted tendrá que decirme cuál falta".
- Tomar las canicas que el participante ha visto, revolverlas y contar del cinco al uno en voz alta. Quitar una canica y mostrar las restantes nuevamente.
- Decir "¿cuál canica falta?".
- La dificultad del ejercicio puede aumentarse incrementando el número de canicas a recordar o el tiempo de demora antes de volver a mostrarlas. Si se aumenta el número de canicas a recordar, debe utilizarse una variedad suficiente de colores y que los tonos de las mismas sean fácilmente distinguibles. Si aumenta la latencia, debe retrasarse el tiempo en el que se vuelvan a mostrar las canicas para que el participante responda de cinco segundos a diez o quince segundo, e incluso meter una tarea distractora como restar de 4 en 4 a partir de 30.

Video:
- http://bit.ly/Actividad7-8-9

35

## ACTIVIDAD 8. SIGUE EL DADO.

Áreas de intervención:
- Memoria trabajo viso-espacial.

Material:
- Un paquete de 10 dados.

Descripción de la actividad:
- Tocar de forma ordenada una serie de dados distribuidos aleatoriamente.

Instrucciones:
- Distribuir de forma aleatoria un conjunto de 10 dados frente al participante.
- Decir "voy a tocar unos dados, cuando acabe, tóquelos en el mismo orden".
- Tocar una serie de tres dados de forma aleatoria.
- Anotar rápidamente en la hoja de registro los dados que se tocaron (usar como referencia el número de puntos del dado de la cara frente al terapeuta).
- Decir "ahora es su turno".
- Para aumentar el nivel de dificultad deben incrementarse el número de dados que se tocan, pasando de tres en un inicio, a cuatro, cinco, seis, etc.
- En la siguiente parte de esta actividad debe cambiarse la instrucción para que el participante toque los dados pero esta vez en orden inverso a los del terapeuta. Por ejemplo, si se tocan el dado 1 y 2, el participante deben tocar el dos y uno.
- Decir "ahora yo voy a tocar los dados, cuando acabe, tóquelos al revés de como yo los he tocado (y realizar un ejemplo)".

Video:
- http://bit.ly/Actividad7-8-9

## ACTIVIDAD 9. ¿CUÁL SOBRA?

Áreas de intervención:
- Atención sostenida y memoria de reconocimiento.

Material:
- Un mazo de cartas del juego UNO (pero funcionan los naipes de la baraja inglesa, española, cartas de lotería u otros).

Descripción de la actividad:
- Reconocer la carta que se ha añadido dentro de un conjunto previamente presentado.

Instrucciones:
- Si se usa el juego de cartas UNO se deben sacar todas las cartas de números y comodines, quedarse únicamente con las cartas especiales (por ejemplo la carta de reversa) de todos los colores.
- Revolver las cartas y colocar ocho cartas frente al participante.
- Decir "trate de recordar estas cartas, luego las voy a quitar y agregaré una más, usted debe decirme cuál fue la que agregué".
- Recoger las cartas frente al participante, barajarlas, agregar una carta más de forma aleatoria (preferentemente tomar nota de cuál carta fue) y colocar las nueve cartas frente al participante.
- Decir "¿cuál carta fue la que agregué?".
- Este ejercicio puede aumentar de dificultad aumentando el número de cartas a colocar en un inicio. Es preferible nunca agregar más de una carta nueva durante esta actividad.
- Cuando sea muy complicado comenzar la actividad con ocho cartas, es preferible reducir a cinco o seis e ir aumentando.

Video:
- http://bit.ly/Actividad7-8-9

**ACTIVIDAD 10. DATO CURIOSO.**

Áreas de intervención:
- Memoria episódica verbal.

Material:
- Ninguno.

Descripción de la actividad:
- Recuperar información autobiográfica.

Instrucciones:
- Esta es una actividad pensada para trabajar en grupo.
- Al iniciar la actividad pedir a los participantes que cuenten al grupo algo que los demás no sepan de ellos.
- Decir "ahora cada quién va a contar un dato que los demás no conozcamos de ustedes, pongan mucha atención porque se los voy a preguntar".
- Una vez que todos hayan escuchado los datos de todos los participantes continuar con otro ejercicio de estimulación cognitiva.
- A los cinco minutos, a los 15 minutos y a los 30 minutos, preguntar de forma particular: ¿quién me puede decir qué fue lo que contó _____".

Video:
- http://bit.ly/Actividad10

## ACTIVIDAD 11. COMPLETAR REFRANES.

Áreas de intervención:
- Lenguaje automático y abstracción del lenguaje.

Material:
- Hojas de papel con refranes.

Descripción de la actividad:
- Completar un refrán y decir su significado.

Instrucciones:
- Compilar una serie de refranes y anotarlos en papel, luego cortarlos por la mitad de modo que sólo quede la frase inicial del refrán.
- Colocar la mitad de todos los refranes en una bolsa revolverlos.
- Frente al participante decir "saque un papel, léalo y complete lo que hace falta del refrán".
- Para aumentar el nivel de dificultad pedir que intente decir cuál es el significado de ese refrán.
- En esta actividad se trabaja el lenguaje automático por lo que adultos mayores incluso con un deterioro cognitivo más avanzado podrán resolverla.
- Decir el significado del refrán trabaja el lenguaje abstracto y es una actividad mucho más compleja.

Video:
- http://bit.ly/Actividad11-12-13

## ACTIVIDAD 12. NOMBRES AL DERECHO Y AL REVÉS.

Áreas de intervención:
- Atención, control mental y memoria de trabajo.

Material:
- Pizarrón y plumones.

Descripción de la actividad:
- Deletrear una palabra primero en orden correcto y luego al revés.

Instrucciones:
- Pedirle al participante deletrear su nombre primero en orden correcto y luego al revés (por ejemplo, primero J O R G E y luego, E G R O J.
- Si se complica deletrear al revés, escribir las letras que el participante ya haya dicho en el pizarrón para que las observe mientras avanza la actividad.
- Si esta actividad se realiza de forma grupal puede ayudar a orientar a los participantes para que conozcan al grupo con el que están trabajando.

Video:
- http://bit.ly/Actividad11-12-13

## ACTIVIDAD 13. DIBUJAR EN LA MANO.

Áreas de intervención:
- Percepción táctil y praxia constructiva-gráfica.

Material:
- Lápiz y papel.

Descripción de la actividad:
- Hacer un dibujo que ha sido percibido de forma táctil previamente.

Instrucciones:
- Dibujar en la mano del participante figuras geométricas simples, letras o números utilizando el dedo índice como si fuera un lápiz.
- Después, pedirle al participante que dibuje la figura que acaba de sentir que fue dibujada en su mano con el lápiz y el papel.
- Se debe indicar al participante si la figura dibujada será una figura geométrica, una letra o un número.
- Esta actividad somatosensorial permite al participante trabajar la praxia es decir el control del movimiento voluntario para realizar dibujos.

Video:
- http://bit.ly/Actividad11-12-13

41

## ACTIVIDAD 14. ENCUENTRA LA PALABRA.

Áreas de intervención:
- Vocabulario y memoria semántica.

Material:
- Diccionario.

Descripción de la actividad:
- Decir qué palabra corresponde una definición determinada.

Instrucciones:
- Seleccionar al azar una palabra del diccionario.
- Leer la definición de la palabra en voz alta.
- Pedirle al participante que diga de qué palabra se trata.
- Decir "escuche la definición de esta palabra, usted me va a decir de qué palabra se trata".
- Se puede reducir el nivel de dificultad de este ejercicio si se da una pista. Decir "la palabra empieza con la letra: ____".
- Seguir agregando letras hasta que el participante diga la palabra.
- En esta actividad se estimula la memoria semántica es decir la memoria del conocimiento adquirido a través del ambiente y como es una actividad verbal que permita trabajar incluso con personas con algún déficit visual.

Video:
- http://bit.ly/Actividad14-15-16

## ACTIVIDAD 15. RECONOCIMIENTO DE SONIDOS.

Áreas de intervención:
- Gnosis auditiva y lenguaje por denominación.

Material:
- Audiovisual con acceso a YouTube.

Descripción de la actividad:
- Reconocer y nombrar a qué elemento corresponde un sonido determinado.

Instrucciones:
- Para esta actividad es necesario un dispositivo conectado a YouTube.
- Buscar un video o audio en el que se escuchen sonidos de la naturaleza, animales y otros objetos domésticos
- Sin presentar ningún video u otras pistas, pedirle al participante que diga qué sonido está escuchando. Decir "A continuación escuchará unos sonidos, después de escucharlos dígame a qué pertenecen los sonidos que escuchó".
- Se puede reducir el nivel de dificultad de esta actividad si se ofrecen opciones al participante, por ejemplo decir "acaba de escuchar el sonido de un animal, ¿era una vaca, un perro o un caballo?"
- Se puede aumentar el nivel de dificultad si el participante escucha tres sonidos diferentes y posteriormente los dice en el orden en el que se presentaron.

Video:
- http://bit.ly/Actividad14-15-16

## ACTIVIDAD 16. NOMBRAR OBJETOS.

Áreas de intervención:
- Gnosis táctil y lenguaje por denominación.

Material:
- Objetos diversos de uso cotidiano.
- Paliacate (u otro material para tapar los ojos del participante).

Descripción de la actividad:
- Nombrar los objetos que se presentan sin verlos.

Instrucciones:
- Recolectar de casa objetos de uso cotidiano que sean fácilmente reconocibles a través del tacto.
- Tapar o vendar los ojos al participante.
- Pasarle los objetos al participante con los ojos vendados y decir "sin ver, nombre los objetos que le voy a pasar lo más rápido que pueda".
- Al realizar esta actividad con un grupo grande de adultos mayores es preferible tener una gran cantidad de objetos para que estos no se repitan tan rápido.
- Se puede incrementar el nivel de dificultad aumentando el número de objetos y pidiéndole al participante que recuerde el orden en el que se fueron presentando.

Video:
- http://bit.ly/Actividad14-15-16

## ACTIVIDAD 17. GATO SIN GARABATO.

Áreas de intervención:
- Memoria episódica viso-verbal.

Material:
- Una hoja de papel con el dibujo del juego de gato (símbolo #).
- Etiquetas adhesivas auto-adheribles de diferentes colores o tamaños.

Descripción de la actividad:
- Recordar un patrón de figuras en una matriz.

Instrucciones:
- Colocar en cualquier patrón las etiquetas ocupando cada uno de los nueve lugares disponibles del juego de gato (#). Pedir al participante que los recuerde y darle unos segundos para memorizar tanto el tamaño como el color de la etiqueta.
- Después retirar de la vista del participante la hoja de papel con el dibujo de gato # y las etiquetas. Entregarle una nueva hoja con el patrón dibujado y pedirle que coloque las etiquetas con el patrón como lo vio antes.
- Para aumentar la dificultad del ejercicio puede aumentarse el tiempo entre la visualización del patrón y la copia (latencia).
- Puede empezar esta actividad con solo dos o tres etiquetas e ir aumentando la cantidad según sea necesario.

Video:
- http://bit.ly/Actividad17-18-19

## ACTIVIDAD 18. SUMAS DEL SÚPER.

Áreas de intervención:
- Cálculo mental y memoria de trabajo.

Material:
- Pizarrón a la vista del participante.
- Plumones de colores.

Descripción de la actividad:
- Realizar operaciones matemáticas.

Instrucciones:
- Armar una lista de compras donde se ponga un objeto y su precio. Esta lista se puede hacer con palabras o imágenes. Por ejemplo, un paquete de pan $22, un litro de leche $15, una barra de jabón $12, etc.
- Colocar la lista de objetos donde el participante pueda verla. Después pedirle que haga cálculos aritméticos simples, como sumas, usando los nombres de los objetos en lugar de las cantidades. Por ejemplo diciendo "¿cuánto es un litro de leche más un paquete de pan?"
- Los ejercicios aritméticos pueden ser más complejos, diciendo "Compro 2 litros de leche y 1 paquete de pan, ¿cuánto me sobra si pago con un billete de 50 y otro de 20?"
- Después, se puede probar esta actividad quitando de la vista del participante la lista de objetos con los precios.

Video:
- http://bit.ly/Actividad17-18-19

## ACTIVIDAD 19. PALABRAS EN REGLA.

Áreas de intervención:
- Fluidez verbal.

Material:
- Pizarrón a la vista del participante.
- Plumones de colores.

Descripción de la actividad:
- Recuperar palabras que cumplan con ciertas características.

Instrucciones:
- Pedir al participante que diga palabras que cumplan diferentes reglas. Por ejemplo, pidiendo que diga palabras que empiecen con "pa", como "padre" o "pastor".
- Conforme el ejercicio avanza cambiar la regla. Por ejemplo, pidiendo que diga palabras que terminen con la sílaba "da", como "patada" o "ensalada".
- La tercer regla es decir palabras que tengan la sílaba en medio, por ejemplo palabras que en medio tengan la sílaba "ma", como "camada" o "pomada".

Video:
- http://bit.ly/Actividad17-18-19

## ACTIVIDAD 20. DOCUMENTÁNDOSE.

Áreas de intervención:
- Memoria episódica verbal.

Material:
- Un equipo audiovisual para reproducir un video de internet.

Descripción de la actividad:
- Recuperar el contenido informativo de un video.

Instrucciones:
- Para esta actividad es necesario un equipo audiovisual para reproducir un video frente al participante.
- Elegir un documental que pueda resultar de interés para el participante (p.ej. de animales), se pueden elegir plataformas como YouTube o Netflix.
- Pedir al participante que se mantenga atento al video porque le harás preguntas.
- Reproducir el documental uno, dos o cinco minutos, mientras se anotan preguntas sobre datos interesantes que se hayan dicho en el documental (p.ej. ¿cuántas horas del día pasa comiendo un panda?).
- Detener el video y pedir al participante que responda las preguntas.
- Esta actividad trabaja la memoria verbal a corto plazo y se puede hacer más compleja si se deja correr el video más tiempo.
- Tratar de que las preguntas que sean muy puntuales y concretas.

Video:
- http://bit.ly/Actividad20

## ACTIVIDAD 21. DAMAS REVUELTAS.

Áreas de intervención:
- Atención selectiva y velocidad de procesamiento.

Material:
- Tablero y canicas de damas chinas.

Descripción de la actividad:
- Copiar un patrón de canicas y colocarlo como si se estuviera viendo en espejo.

Instrucciones:
- Colocar un patrón de las canicas de damas chinas en el tablero.
- Pedirle al participante que coloque sus fichas justo al lado de las que se colocaron para el ejercicio pero como si las estuviera viendo en un espejo.
- Decir "Mire estas fichas, ahora coloque las suyas al lado pero como si las estuviera viendo en un espejo".
- Se puede elevar la dificultad del ejercicio incrementando el número de canicas que el participante debe copiar en espejo.

Video:
- http://bit.ly/Actividad21-22-23

## ACTIVIDAD 22. SUMAS VELOCES.

Áreas de intervención:
- Cálculo, velocidad de procesamiento y memoria de trabajo.

Material:
- Fichas de dominó.
- Calculadora.

Descripción de la actividad:
- Realizar sumas rápidamente con fichas de dominó.

Instrucciones:
- Colocar 10 fichas de dominó boca abajo frente al participante.
- Mostrar al participante las fichas de dominó de una en una.
- Decir "sume los puntos de cada ficha lo más rápido que pueda". Por ejemplo, si la primera ficha de dominó tiene seis puntos, sacar la siguiente (por ejemplo) con cinco puntos, entonces $6 + 5 = 11$; y la siguiente ficha tiene nueve puntos entonces $11 + 9 = 20$.
- Verificar el resultado con la calculadora y si hay una fallo corregir inmediatamente.
- Se puede aumentar el nivel de dificultad aumentando el número de fichas de dominó.

Video:
- http://bit.ly/Actividad21-22-23

## ACTIVIDAD 23. RESTAS RÁPIDAS.

Áreas de intervención:
- Cálculo, velocidad de procesamiento y memoria de trabajo.

Material:
- 15 dados.
- Calculadora.

Descripción de la actividad:
- Realizar sustracciones rápidamente usando dados.

Instrucciones:
- Colocar 10 dados frente al participante.
- Mostrar al participante los dados de uno en uno.
- Elegir un numero desde el cual comenzarán a realizarse las sustracción (por ejemplo el 30)
- Decir "reste los puntos de cada dado lo más rápido que pueda empezando en el 30". Por ejemplo, si el primer dado sale con seis puntos, entonces 30 − 6 = 24, y continuar hasta que se acaben los dados o se llegue a cero.
- Verificar el resultado con la calculadora y si hay una fallo corregir inmediatamente.
- Se puede aumentar el nivel de dificultad aumentando el número de dados y el número de inicio.

Video:
- http://bit.ly/Actividad21-22-23

## ACTIVIDAD 24. FORMAR PALABRAS.

Áreas de intervención:

- Vocabulario.

Material:

- Tarjetas o fichas con letras.

Descripción de la actividad:

- Encontrar una palabra que ha sido desordenada.

Instrucciones:

- Esta actividad se trata de formar palabras usando pistas semánticas.
- Es necesario tener suficientes fichas o tarjetas con letras para formar palabras.
- Primero escoger un campo semántico para trabajar con el participante, preferentemente utilizar un campo semántico que le sea útil y conocido, por ejemplo animales.
- Luego seleccionar una palabra que pertenezca a ese campo semántico por ejemplo TIGRE.
- Finalmente tomar las fichas que formen la palabra seleccionada, desordenarlas y entrégalas al participante diciendo: "estas letras forman el nombre de un animal, póngalas en orden para saber cuál es".
- Se puede aumentar la dificultad del ejercicio usando palabras cada vez más largas.

Video:

- http://bit.ly/Actividad24-25-26

## ACTIVIDAD 25. ATENCIÓN A LA LETRA.

Áreas de intervención:
- Atención sostenida.

Material:
- Libro de frases, novela u otro.

Descripción de la actividad:
- Señalar cuando se presenta un estímulo auditivo.

Instrucciones:
- Recopilar frases célebres, un párrafo de un libro o algo similar.
- Decir al participante: "Le voy a leer unas frases y debe dar golpe a la mesa cuando escuche una palabra que termine en vocal."
- Posteriormente comenzar la lectura sin detenerse.
- Se puede aumentar la dificultad de la actividad aumentando el tiempo de la lectura o el número de frases que se leen. No debe interrumpirse la lectura y esta debe ser fluida.

Video:
- http://bit.ly/Actividad24-25-26

## ACTIVIDAD 26. RECUERDA NÚMEROS.

Áreas de intervención:
- Memoria de episódica audioverbal y atención focalizada.

Material:
- Fichas con números (pueden utilizarse las del juego bingo).
- Un libro de frases célebres (pueden descargarse de internet).

Descripción de la actividad:
- Recordar una serie de números tras una demora.

Instrucciones:
- Seleccionar tres fichas con números, por ejemplo, 14, 27 y 3.
- Seleccionar una frase célebre.
- Presentar las fichas al participante y decir "le mostraré tres números que debe decir en voz alta y recordar, luego le voy a leer unas frases y debe dar un aplauso (golpe a la mesa o similar) cuando diga una palabra que termine en vocal, finalmente diga los números que dijo a principio". (Esta tarea es la ficha de actividad 25).
- Posteriormente presentar los tres números, esperar a que el participante los lea en voz alta. Ocultarlos y leer la frase en voz alta para que el participante golpee cada vez que escuche una palabra que termine en vocal.
- Después pedir al participante "ahora dígame los números que leyó al principio".
- Se puede aumentar el nivel de dificultad aumentando el tiempo de demora para la recuperación de los números, pasar de una a dos frases.

Video:
- http://bit.ly/Actividad24-25-26

## ACTIVIDAD 27. EFECTO STROOP.

Áreas de intervención:
- Atención sostenida e inhibición.

Material:
- Una serie de tarjetas con nombres de colores pero escritas con tinta de un color diferente al que está escrito.

Descripción de la actividad:
- Nombrar el color de tinta con la que están escritas unas palabras.

Instrucciones:
- Para realizar esta actividad primero imprimir en pequeñas tarjetas nombres de colores escritos con una tinta de otro color, por ejemplo, imprimir la palabra "AZUL" en tinta ROJA.
- Mostrar las tarjetas al participante y decir: "sin leer, dígame el color de la tinta en el que están escritas las palabras".
- Anotar cuántas puede hacer en un minuto o qué tan rápido resuelve todas las tarjetas.
- Esta actividad puede hacerse más compleja utilizando una instrucción semejante a la que aparecen en la ficha Actividad 6. Domina el dominó. En lugar de que diga inmediatamente el nombre del color, deberá recordarlo y decirlo cuando se muestre la siguiente tarjeta (revisar la ficha de actividad 6).

Video:
- http://bit.ly/Actividad27-28-29

## ACTIVIDAD 28. LECTURA DE MEMORIA.

Áreas de intervención:
- Lectura y memoria de trabajo.

Material:
- Libro de frases, novela o descargar frases de internet.

Descripción de la actividad:
- Leer una frase, luego recordar la última palabra de la frase leída.

Instrucciones:
- Presentar al participante las frases de una en una.
- Decir "debe leer en voz alta las frases y recordar la última palabra de cada frase".
- Después de haber leído dos frases seguidas quitarlas de la vista del participante.
- Preguntar "¿cuáles eran las palabras que le pedí que recordara?"
- Con dos o tres frases es un ejercicio suficientemente retador para el adulto mayor, se puede incrementar el nivel de dificultad pidiendo al participante que lea más frases.

Video:
- http://bit.ly/Actividad27-28-29

## ACTIVIDAD 29. ALTERNAR SERIES.

Áreas de intervención:
- Atención y memoria de trabajo.

Material:
- Pizarrón.

Descripción de la actividad:
- Alternar dos series automáicas.

Instrucciones:
- Pensar en dos tipos de series automáticas. Una serie automática es cualquier tipo de lenguaje que haya sido sobreaprendido, por ejemplo, los días de la semana, los meses del año, contar del 1 al 10, un rezo, un refrán o una canción.
- Pedirle al participante que alterne entre las dos series seleccionadas (por ejemplo, números y días de la semana). Decir "ahora me va a decir los números en orden pero alternando con los días de la semana en orden, por ejemplo, lunes-1; martes-2; etcétera, ahora hágalo usted".
- Se puede aumentar el nivel de dificultad del ejercicio pidiendo que haga las series pero en orden inverso, por ejemplo, diciembre-12; noviembre-11, etcétera.

Video:
- http://bit.ly/Actividad27-28-29

## ACTIVIDAD 30. EXPOSICIÓN DE ARTE.

Áreas de intervención:
- Socialización.

Material:
- Variado.

Descripción de la actividad:
- Realizar una presentación de trabajos de arte.

Instrucciones:
- La actividad 30 está pensada para ser un evento que celebre a los adultos mayores, su creatividad, imaginación y energía. Pero es una actividad que requiere una serie de elementos previos para poder llevarse a cabo, tal vez se necesite adquirir algunos de ellos pero como siempre, se debe realizar de la forma más accesible posible:
- Paso 1. Evita los estereotipos negativos. Lo primero es evitar pensamientos en los que la persona se sienta incapaz de crear algo nuevo, ideas como "los adultos mayores no son creativos" son totalmente falsas. Cualquier persona puede crear algo y no necesita ser un artista.
- Paso 2. Elige una meta real. Debes plantear una meta real para esta actividad, si bien es cierto que no necesitas ser un artista para dirigir este tipo de actividad, existen técnicas mucho más complicadas que otras, por lo tanto busca que tu actividad se real y se pueda realizar en un lapso corto de tiempo.
- Paso 3. Selecciona un proyecto grupal. Las actividades grupales tienen muchas ventajas frente a los proyectos individuales. Debes elegir un proyecto en el que todo el grupo de adultos mayores con el que estás trabajando pueda unirse y aportar algo. En el grupo donde yo colaboro elegimos un mandala gigante y cada participante hizo una pieza.
- Paso 4. Disfruta el proceso. Si bien terminar el proyecto es gratificante, cada paso del proceso debe serlo también. Es fundamental integrar al grupo, que sepan qué están haciendo, para qué lo hacen y cuándo debe terminarse. Todos deben trabajar juntos bajo una misma meta disfrutando el proceso.

58

- Paso 5. Exhíbelo donde todo el mundo lo vea. Después de tanto esfuerzo el grupo de adultos mayores con el que trabajas debe poder apreciar la obra completa. Exhíbelo donde las personas puedan apreciarlo, coloca los nombres de todos los que participaron en el proyecto, ¡haz que se sientan orgullosos de ser parte de ello!

Video:
- http://bit.ly/Actividad30

# ÍNDICE DE ENLACES A VIDEOS DE ACTIVIDADES

# SOBRE MÍ

Soy Christian Núñez Paniagua, estudié la maestría de Neuropsicología Clínica en la Universidad Nacional Autónoma de México en la Facultad de Estudios Superiores de Iztacala. Este manual es el intento de sistematizar las actividades que realizo de forma cotidiana en una residencia de adultos mayores y que he puesto a la disposición de quien las guste usar en mi canal de YouTube. Si quieres contactarme por favor escríbeme a mi correo:

christiannp89@gmail.com

Si te interesa que este proyecto siga creciendo y está dentro de tus posibilidades te invito a que te conviertas en mi patrocinador a través de mi página de Patreon, donde desde un dólar puedes apoyar a que esta información le llegue a las personas que, como tú, están interesadas en el adulto mayor con deterioro cognitivo. Gracias y te dejo el enlace:

https://www.patreon.com/chrisnunezpsicologo

Te espero en mis redes sociales:

*** Suscríbete al boletín: http://eepurl.com/cYJEYr
*** Facebook: https://facebook.com/ChrisNunezP/
*** Twitter: https://twitter.com/AdultosMayoresQ
*** Google+: https://plus.google.com/u/0/+ChrisNúñezPsicólogo
*** Youtube: https://www.youtube.com/ChrisNunezPsicologo
*** Web: http://chrisnunezpsicologo.com

# ANEXOS: FICHAS DE ACTIVIDAD

A continuación aparecen 30 fichas de estimulación cognitiva dirigidas a adultos mayores, en este apartado describo el funcionamiento de las mismas para desarrollar un taller o sesiones individuales.

Todas las fichas de estimulación cognitiva se presentan con la siguiente disposición: 1) nombre del participante y fecha; 2) áreas de intervención; 3) descripción de la actividad; 4) material; 5) instrucciones; 6) ficha de actividad; y 7) video.

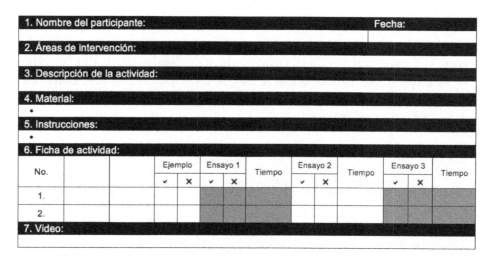

1. Nombre del participante y fecha. Cada participante debe tener su propia ficha de actividad, incluso si se realiza la actividad en grupo, cada uno de los participantes en el grupo deben tener una ficha que corresponda a la actividad que realizarán ese día. El apartado de fecha indica el día en que se realiza esa actividad. Es muy importante tener en cuenta que puede usarse la ficha de actividad en más de una fecha, por lo que pueden añadirse más de una fecha para ver el progreso de cada uno de los participantes en una misma actividad.

2. Áreas de intervención. Cada una de las fichas de actividad está pensada en trabajar algún proceso cognitivo en particular, sin embargo, los procesos que aparecen en ese apartado no son los únicos que se trabajan en cada actividad. Al final de este manual se encuentra un apartado titulado fichas de actividad por área de intervención, esto es útil para planificar una sesión de estimulación cognitiva dirigida a procesos específicos.

3. Descripción de la actividad. Aparece una breve descripción del tema central de la actividad.

4. Material. Aquí se especifica los materiales necesarios para realizar las actividades descritas en las fichas de estimulación cognitiva. Estos materiales son sugeridos y debes adaptarlos a las preferencias del participante o grupo, tomando en cuenta los consejos descritos en el apartado anterior.

5. Instrucciones. Se describen las instrucciones para realizar las actividades, es preferible NO SEGUIRLAS AL PIE DE LA LETRA, es mejor hacer las adaptaciones pertinentes cuando el participante o grupo así lo requieran. Sobre todo porque los adultos mayores pueden presentar muchas deficiencias sensoriales, entonces una actividad que originalmente debía ser visual, se pueda cambiar por algo auditivo. En algunos casos aparece en este mismo apartado algunas sugerencias para incrementar el nivel de dificultad o disminuirlo según se requiera para el participante. Es recomendable que cualquier modificación que se haga al realizar la ficha de estimulación cognitiva se anote, para que pueda revisarse en un futuro.

6. Ficha de actividad. Esta es una hoja de registro para anotar el desempeño del participante en la actividad, viene el número del ejercicio y un apartado de ejemplo, pues es obligatorio comenzar la actividad hasta que el participante haya entendido lo que debe hacer. Después aparecen un apartado de tres ensayos con una paloma✓ y una cruz ✗ para indicar si el participante realizó el ensayo de forma correcta o incorrecta. Es preferible hacer tres ensayos en un mismo nivel y posteriormente pensar en subir o bajar el nivel de dificultad dependiendo el desempeño del participante. Existe también un apartado más en la hoja de registro para colocar el tiempo de ejecución, no es absolutamente necesario utilizar todos los apartados que se muestran en las fichas de actividad, estos son opcionales y dependen de la intención que se tenga de utilizarlos. Por ejemplo, si las realiza un familiar, no es importante llevar un registro tan riguroso; pero si se realizan para un proceso más formal de rehabilitación, entonces será necesario llenarlos para tener un control de los desempeños.

7. Video. Todas las actividades tienen un enlace al canal de YouTube donde aparecen las instrucciones por si quedaran dudas de cómo realizar los ejercicios de estimulación cognitiva. Todas los videos están en mi canal https://www.youtube.com/chrisnunezpsicologo

**Actividad 1. Carta perdida.**

| 1. Nombre del participante: | Fecha: |
|---|---|
|  |  |

**2. Áreas de intervención:**

Atención selectiva y atención sostenida.

**3. Descripción de la actividad:**

Encontrar rápidamente la carta faltante de una serie.

**4. Material:**

- Mazo de cartas (por ejemplo una baraja inglesa pero sirve cualquier tipo de cartas con los que el participante se sienta familiarizado).

**5. Instrucciones:**

- Agrupar del mazo de cartas todas las que sean del mismo palo y sacar los naipes de figuras. Quedarse solamente con las cartas del 1 (as) al 10, separadas por los cuatro diferentes palos (diamantes, espadas, tréboles y corazones).
- Tomar las cartas de un solo grupo, barajarlas y distribuir cara arriba todos los naipes frente al participante excepto uno.
- Decir "aquí están los números del 1 (as) al 10, pero falta uno, ¿cuál es?"
- Se puede aumentar la dificultad de este ejercicio aumentando el número de cartas que hay que encontrar y el número de palos (diamantes, espadas, tréboles y corazones) que se distribuyen.
- Tomar las cartas de dos grupos de palos, barajarlas y distribuir cara arriba todos los naipes frente al participante excepto uno de cada palo.
- Decir "aquí están los números del 1 (as) al 10, pero falta uno de (por ejemplo) corazones y uno de (por ejemplo) espadas, ¿cuáles son?"
- La dificultad más alta del ejercicio se alcanza al distribuir los cuatro grupos de cartas (de los cuatro palos del mazo) y ocultar cuatro naipes (uno por palo).

**6. Ficha de actividad:**

| No. | No. palos | No. de cartas faltantes | Ejemplo ✓ | Ejemplo ✗ | Ensayo 1 ✓ | Ensayo 1 ✗ | Tiempo | Ensayo 2 ✓ | Ensayo 2 ✗ | Tiempo | Ensayo 3 ✓ | Ensayo 3 ✗ | Tiempo |
|---|---|---|---|---|---|---|---|---|---|---|---|---|---|
| 1. |  |  |  |  |  |  |  |  |  |  |  |  |  |
| 2. |  |  |  |  |  |  |  |  |  |  |  |  |  |
| 3. |  |  |  |  |  |  |  |  |  |  |  |  |  |
| 4. |  |  |  |  |  |  |  |  |  |  |  |  |  |
| 5. |  |  |  |  |  |  |  |  |  |  |  |  |  |
| 6. |  |  |  |  |  |  |  |  |  |  |  |  |  |
| 7. |  |  |  |  |  |  |  |  |  |  |  |  |  |
| 8. |  |  |  |  |  |  |  |  |  |  |  |  |  |
| 9. |  |  |  |  |  |  |  |  |  |  |  |  |  |
| 10. |  |  |  |  |  |  |  |  |  |  |  |  |  |
| 11. |  |  |  |  |  |  |  |  |  |  |  |  |  |
| 12. |  |  |  |  |  |  |  |  |  |  |  |  |  |
| 13. |  |  |  |  |  |  |  |  |  |  |  |  |  |

**7. Video:**

http://bit.ly/Actividad1-2-3

**Actividad 2. Objeto oculto.**

| 1. Nombre del participante: | Fecha: |
|---|---|
|  |  |

**2. Áreas de intervención:**

Memoria episódica y memoria de trabajo.

**3. Descripción de la actividad:**

Memorizar una serie de imágenes y decirlas con unos segundos de demora.

**4. Material:**

- Baraja de juego tradicional de lotería (por ejemplo, pero sirve cualquier tipo de cartas con los que el participante se sienta familiarizado).
- Cronómetro.

**5. Instrucciones:**

- Revolver la baraja de cartas del juego tradicional de lotería. Sacar tres cartas y colocarlas cara arriba frente al participante.
- Para mejorar el registro de la información, pedir al participante que nombre las cartas que tiene frente a él (por ejemplo la luna, el soldado y la botella).
- Una vez que ha nombrado las cartas, recolectarlas y barajarlas durante 10 segundos. Después colocar dos cartas cara arriba y una más boca abajo.
- Decir "aquí están dos cartas, pero falta una, ¿cuál es?"
- Se puede aumentar la dificultad de este ejercicio aumentando el número de cartas que hay que memorizar y retrasando la evocación con una actividad de interferencia (por ejemplo, restar de 3 en 3 a partir de 100).
- Conforme el participante responda correctamente a la consigna de las instrucciones anteriores se debe aumentar el tiempo de la latencia de la evocación. En lugar de únicamente barajar las cartas durante 10 segundos pedir al participante restar de 3 en 3 a partir de 100 durante 20 segundos (tarea de interferencia).
- Al responder correctamente aumentar una carta. Al responder incorrectamente reducir una carta.

**6. Ficha de actividad:**

| No. | No. de cartas | Tiempo de latencia | Tiempo de inter-ferencia | Ensayo 1 ✔ | Ensayo 1 ✘ | Tiempo | Ensayo 2 ✔ | Ensayo 2 ✘ | Tiempo | Ensayo 3 ✔ | Ensayo 3 ✘ | Tiempo |
|---|---|---|---|---|---|---|---|---|---|---|---|---|
| 1. | | | | | | | | | | | | |
| 2. | | | | | | | | | | | | |
| 3. | | | | | | | | | | | | |
| 4. | | | | | | | | | | | | |
| 5. | | | | | | | | | | | | |
| 6. | | | | | | | | | | | | |
| 7. | | | | | | | | | | | | |
| 8. | | | | | | | | | | | | |
| 9. | | | | | | | | | | | | |
| 10. | | | | | | | | | | | | |
| 11. | | | | | | | | | | | | |
| 12. | | | | | | | | | | | | |

**7. Video:**

http://bit.ly/Actividad1-2-3

**Actividad 3. Emparejados.**

| 1. Nombre del participante: | Fecha: |
|---|---|
| | |

**2. Áreas de intervención:**
Memoria episódica y memoria de trabajo.

**3. Descripción de la actividad:**
Memorizar una serie de cartas y luego emparejarla con la que es igual.

**4. Material:**
- Dos mazos de cartas tipo inglesa (pero sirve cualquier tipo de cartas con los que el participante se sienta familiarizado).

**5. Instrucciones:**
- Seleccionar tres parejas de cartas iguales (p.ej. una pareja de dos, una pareja de cincos y una pareja de ochos del mismo palo y color).
- Tomar una carta de cada par y colocarlas frente al participante boca abajo.
- Mostrar una vez cada una de las cartas y pedir al participante que nombre la carta que salió. Después volver a poner boca abajo la carta y continuar con las cartas restantes hasta haberlas mostrado todas.
- Una vez que han mostrado todas las cartas, tomar las parejas de las cartas que se habían seleccionado previamente. Sacar una y decir: "aquí tengo una carta, ¿con cuál hace par?" (mientras se señalan las cartas que permanecen boca abajo).
- Continuar hasta hacer los tres pares.
- Al igual que actividades anteriores, la dificultad reside en el número de cartas a memorizar y la demora de la respuesta (p.ej. en lugar de pedirle al participante que inmediatamente responda a la tarea de emparejar, pedirle que haga una tarea de restar de 3 en 3 a partir de 100).
- Conforme el participante responda correctamente a la consigna de las instrucciones anteriores se debe aumentar el tiempo de la latencia de la evocación. En lugar emparejar de inmediato pedir al participante restar de 3 en 3 a partir de 100 durante 10 segundos (tarea de interferencia). Al responder correctamente aumentar una carta. Al responder incorrectamente reducir una carta.

**6. Ficha de actividad:**

| No. | No. de cartas | Tiempo de latencia | Tiempo de inter-ferencia | Ensayo 1 ✔ | Ensayo 1 ✘ | Tiempo | Ensayo 2 ✔ | Ensayo 2 ✘ | Tiempo | Ensayo 3 ✔ | Ensayo 3 ✘ | Tiempo |
|---|---|---|---|---|---|---|---|---|---|---|---|---|
| 1. | | | | | | | | | | | | |
| 2. | | | | | | | | | | | | |
| 3. | | | | | | | | | | | | |
| 4. | | | | | | | | | | | | |
| 5. | | | | | | | | | | | | |
| 6. | | | | | | | | | | | | |
| 7. | | | | | | | | | | | | |
| 8. | | | | | | | | | | | | |
| 9. | | | | | | | | | | | | |
| 10. | | | | | | | | | | | | |
| 11. | | | | | | | | | | | | |

**7. Video:**
http://bit.ly/Actividad1-2-3

67

**Actividad 4. Vasos veloces.**

| 1. Nombre del participante: | Fecha: |
| --- | --- |
| | |

**2. Áreas de intervención:**
Atención selectiva y atención alternante

**3. Descripción de la actividad:**
Mantener la atención en unos vasos que se moverán y descubrirlos en orden.

**4. Material:**
- De tres a cinco vasos de rojos desechables (no transparentes) y tarjetas con los números del uno al cinco (pueden ser de la baraja inglesa).
- Cronómetro.

**5. Instrucciones:**
- Tomar tres vasos rojos y colocarlos en forma de triángulo (uno arriba y dos abajo) frente al participante.
- Colocar dentro de cada uno de los vasos las tarjetas con los números del uno al tres (una carta o tarjeta por vaso). Es importante que el participante observe qué número está en cada vaso.
- Decir "voy a cambiar el orden de estos vasos, usted debe concentrarse en el vaso con el número uno y no perderlo de vista, porque le pediré que cuando yo termine lo descubra".
- Cambiar los vasos de lugar intercambiándolos entre ellos (p.ej. cambiar el vaso con el número uno por el número dos). Realizar estos movimientos durante 30 segundos uno cada cinco segundos.
- Decir "ahora, dígame ¿dónde quedó el vaso con el número uno?".
- La actividad inicial de este ejercicio es de una dificultad básica. Después de haber completado esta fase se debe pedir al participante que mantenga la atención en dónde se quedó el vaso con el número uno y el vaso con el número dos, posteriormente los descubra en orden.
- Realizar esta actividad encontrando el número uno y dos, es retador para un adulto mayor. Si logra dominar este nivel puede añadirse uno o dos vasos, siempre pidiéndole que los descubra en orden. Si es muy difícil el ejercicio, el nivel de dificultad puede añadirse aumentando las veces que se cambian los vasos de lugar, pasando de una vez cada cinco segundos a una vez cada cuatro o cada tres segundos.

**6. Ficha de actividad:**

| No. | No. de vasos | No. de cartas | Tiempo entre cambios | Ensayo 1 ✔ | Ensayo 1 ✘ | Tiempo | Ensayo 2 ✔ | Ensayo 2 ✘ | Tiempo | Ensayo 3 ✔ | Ensayo 3 ✘ | Tiempo |
| --- | --- | --- | --- | --- | --- | --- | --- | --- | --- | --- | --- | --- |
| 1. | | | | | | | | | | | | |
| 2. | | | | | | | | | | | | |
| 3. | | | | | | | | | | | | |
| 4. | | | | | | | | | | | | |
| 5. | | | | | | | | | | | | |
| 6. | | | | | | | | | | | | |
| 7. | | | | | | | | | | | | |
| 8. | | | | | | | | | | | | |
| 9. | | | | | | | | | | | | |
| 10. | | | | | | | | | | | | |

**7. Video:**
http://bit.ly/Actividad4-5-6

**Actividad 5. Encuentra a la reina.**

| 1. Nombre del participante: | Fecha: |
|---|---|
| | |

**2. Áreas de intervención:**

Atención selectiva y atención sostenida.

**3. Descripción de la actividad:**

Encontrar el naipe de la reina de corazones que se oculta y se mueve.

**4. Material:**

- Un mazo de cartas (por ejemplo una baraja inglesa pero sirve cualquier tipo de cartas con las que el participante se sienta familiarizado).
- Cronómetro.

**5. Instrucciones:**

- Tomar tres naipes, uno de ellos será la reina de corazones (carta objetivo) y otras dos que actuarán como distractores.
- Colocar los tres naipes frente al participante haciendo una fila y decir "observe estos naipes, concéntrese en la reina de corazones, porque los voy a revolver y usted deberá encontrarla después".
- Colocar boca abajo los tres naipes e intercambiarlos de lugar (por ejemplo, el naipe uno con el naipe dos, etc.) con movimientos lentos cada cinco segundos durante 30 segundos.
- Al finalizar el tiempo decir "¿dónde quedó la reina de corazones?".
- Esta actividad busca estimular la atención sostenida, por lo tanto la manera de incrementar la dificultad es aumentar el tiempo durante el cual se mueven las cartas. No se debe reducir el intervalo en el que se hacen los cambios (de cinco segundos).

**6. Ficha de actividad:**

| No. | No. cartas | Tiempo del ejercicio | Ejemplo ✔ | Ejemplo ✘ | Ensayo 1 ✔ | Ensayo 1 ✘ | Tiempo | Ensayo 2 ✔ | Ensayo 2 ✘ | Tiempo | Ensayo 3 ✔ | Ensayo 3 ✘ | Tiempo |
|---|---|---|---|---|---|---|---|---|---|---|---|---|---|
| 1. | | | | | | | | | | | | | |
| 2. | | | | | | | | | | | | | |
| 3. | | | | | | | | | | | | | |
| 4. | | | | | | | | | | | | | |
| 5. | | | | | | | | | | | | | |
| 6. | | | | | | | | | | | | | |
| 7. | | | | | | | | | | | | | |
| 8. | | | | | | | | | | | | | |
| 9. | | | | | | | | | | | | | |
| 10. | | | | | | | | | | | | | |
| 11. | | | | | | | | | | | | | |
| 12. | | | | | | | | | | | | | |
| 13. | | | | | | | | | | | | | |
| 14. | | | | | | | | | | | | | |
| 15. | | | | | | | | | | | | | |

**7. Video:**

http://bit.ly/Actividad4-5-6

**Actividad 6. Domina el dominó.**

| 1. Nombre del participante: | Fecha: |
|---|---|
| | |

**2. Áreas de intervención:**

Memoria de trabajo.

**3. Descripción de la actividad:**

Recordar el número puntos en una ficha que se ha mostrado con anterioridad.

**4. Material:**

- Un juego de dominó.

**5. Instrucciones:**

- Colocar 10 fichas de dominó boca abajo en una fila frente al participante.
- Decir "ahora voy a mostrarle una ficha y usted no me dirá nada, después la ocultaré y le mostraré la siguiente ficha, entonces usted me responderá ¿cuántos puntos tenía la ficha anterior que le mostré?".
- Luego mostrar la primer ficha y pedir que no diga nada, después, ocultar la ficha boca abajo.
- Mostrar la siguiente ficha y decir "¿cuántos puntos tenía la ficha anterior?".
- Se puede aumentar la dificultad de este ejercicio de dos formas: 1) aumentando el número de fichas a mostrar y 2) aumentando el número de fichas que debe recordar antes de responder siguiendo estas instrucciones:
- Decir "ahora voy a mostrarle una ficha y después una segunda ficha, usted no me dirá nada, después las ocultaré y le mostraré una tercera ficha, entonces usted me responderá ¿cuántos puntos tenía la primera ficha que le mostré?".
- Esta actividad puede ser compleja al principio pero puede realizarse con éxito después de unos intentos.
- Estas instrucciones también son útiles para la Actividad 27. Efecto Stroop.

**6. Ficha de actividad:**

| No. | No. de fichas | No. fichas a recordar | Ejemplo ✔ | Ejemplo ✘ | Ensayo 1 ✔ | Ensayo 1 ✘ | Tiempo | Ensayo 2 ✔ | Ensayo 2 ✘ | Tiempo | Ensayo 3 ✔ | Ensayo 3 ✘ | Tiempo |
|---|---|---|---|---|---|---|---|---|---|---|---|---|---|
| 1. | | | | | | | | | | | | | |
| 2. | | | | | | | | | | | | | |
| 3. | | | | | | | | | | | | | |
| 4. | | | | | | | | | | | | | |
| 5. | | | | | | | | | | | | | |
| 6. | | | | | | | | | | | | | |
| 7. | | | | | | | | | | | | | |
| 8. | | | | | | | | | | | | | |
| 9. | | | | | | | | | | | | | |
| 10. | | | | | | | | | | | | | |
| 11. | | | | | | | | | | | | | |
| 12. | | | | | | | | | | | | | |
| 13. | | | | | | | | | | | | | |
| 14. | | | | | | | | | | | | | |

**7. Video:**

http://bit.ly/Actividad4-5-6

70

**Actividad 7. Dama faltante.**

| 1. Nombre del participante: | Fecha: |
|---|---|
| | |

**2. Áreas de intervención:**

Memoria episódica viso-verbal.

**3. Descripción de la actividad:**

Recuperar el nombre del color de una canica faltante en un conjunto.

**4. Material:**

- Un juego de damas chinas o una bolsa con canicas de diversos colores.

**5. Instrucciones:**

- Colocar de una por una y en forma aleatoria cuatro canicas frente al participante. Las canicas deben ser de diferentes colores y pueden repetirse. Por ejemplo coloca una canica azul, una roja, una verde y una blanca (debe haber por lo menos seis variedades de colores).
- Decir "aquí hay canicas de diferentes colores, quiero que los recuerde porque quitaré una y usted tendrá que decirme cuál falta".
- Tomar las canicas que el participante ha visto, revolverlas y contar del cinco al uno en voz alta. Quitar una canica y mostrar las restantes nuevamente.
- Decir "¿cuál canica falta?".
- La dificultad del ejercicio puede aumentarse incrementando el número de canicas a recordar o el tiempo de demora antes de volver a mostrarlas. Si se aumenta el número de canicas a recordar, debe utilizarse una variedad suficiente de colores y que los tonos de las mismas sean fácilmente distinguibles. Si aumenta la latencia, debe retrasarse el tiempo en el que se vuelvan a mostrar las canicas para que el participante responda de cinco segundos a diez o quince segundo, e incluso meter una tarea distractora como restar de 4 en 4 a partir de 30.

**6. Ficha de actividad:**

| No. | No. de canicas | Tiempo de latencia | Ejemplo ✓ | Ejemplo ✗ | Ensayo 1 ✓ | Ensayo 1 ✗ | Tiempo | Ensayo 2 ✓ | Ensayo 2 ✗ | Tiempo | Ensayo 3 ✓ | Ensayo 3 ✗ | Tiempo |
|---|---|---|---|---|---|---|---|---|---|---|---|---|---|
| 1. | | | | | | | | | | | | | |
| 2. | | | | | | | | | | | | | |
| 3. | | | | | | | | | | | | | |
| 4. | | | | | | | | | | | | | |
| 5. | | | | | | | | | | | | | |
| 6. | | | | | | | | | | | | | |
| 7. | | | | | | | | | | | | | |
| 8. | | | | | | | | | | | | | |
| 9. | | | | | | | | | | | | | |
| 10. | | | | | | | | | | | | | |
| 11. | | | | | | | | | | | | | |
| 12. | | | | | | | | | | | | | |
| 13. | | | | | | | | | | | | | |
| 14. | | | | | | | | | | | | | |
| 15. | | | | | | | | | | | | | |

**7. Video:**

http://bit.ly/Actividad7-8-9

**Actividad 8. Sigue el dado.**

| 1. Nombre del participante: | Fecha: |
|---|---|
| | |

**2. Áreas de intervención:**
Memoria trabajo viso-espacial.

**3. Descripción de la actividad:**
Tocar de forma ordenada una serie de dados distribuidos aleatoriamente.

**4. Material:**
- Un paquete de 10 dados.

**5. Instrucciones:**
- Distribuir de forma aleatoria un conjunto de 10 dados frente al participante.
- Decir "voy a tocar unos dados, cuando acabe, tóquelos en el mismo orden".
- Tocar una serie de tres dados de forma aleatoria.
- Anotar rápidamente en la hoja de registro los dados que se tocaron (usar como referencia el número de puntos del dado de la cara frente al terapeuta).
- Decir "ahora es su turno".
- Para aumentar el nivel de dificultad deben incrementarse el número de dados que se tocan, pasando de tres en un inicio, a cuatro, cinco, seis, etc.
- En la siguiente parte de esta actividad debe cambiarse la instrucción para que el participante toque los dados pero esta vez en orden inverso a los del terapeuta. Por ejemplo, si se tocan el dado 1 y 2, el participante deben tocar el dos y uno.
- Decir "ahora yo voy a tocar los dados, cuando acabe, tóquelos al revés de como yo los he tocado (y realizar un ejemplo)".

**6. Ficha de actividad:**

| No. | No. de dados | Orden | Ejemplo | | Ensayo 1 | | Tiempo | Ensayo 2 | | Tiempo | Ensayo 3 | | Tiempo |
|---|---|---|---|---|---|---|---|---|---|---|---|---|---|
| | | | ✓ | ✗ | ✓ | ✗ | | ✓ | ✗ | | ✓ | ✗ | |
| 1. | | | | | | | | | | | | | |
| 2. | | | | | | | | | | | | | |
| 3. | | | | | | | | | | | | | |
| 4. | | | | | | | | | | | | | |
| 5. | | | | | | | | | | | | | |
| 6. | | | | | | | | | | | | | |
| 7. | | | | | | | | | | | | | |
| 8. | | | | | | | | | | | | | |
| 9. | | | | | | | | | | | | | |
| 10. | | | | | | | | | | | | | |
| 11. | | | | | | | | | | | | | |
| 12. | | | | | | | | | | | | | |
| 13. | | | | | | | | | | | | | |
| 14. | | | | | | | | | | | | | |
| 15. | | | | | | | | | | | | | |

**7. Video:**
http://bit.ly/Actividad7-8-9

72

**Actividad 9. ¿Cuál sobra?**

| 1. Nombre del participante: | Fecha: |
|---|---|
| | |

**2. Áreas de intervención:**
Atención sostenida y memoria de reconocimiento.

**3. Descripción de la actividad:**
Reconocer la carta que se ha añadido dentro de un conjunto previamente presentado.

**4. Material:**
- Un mazo de cartas del juego UNO (pero funcionan los naipes de la baraja inglesa, española, cartas de lotería u otros).

**5. Instrucciones:**
- Si se usa el juego de cartas UNO se deben sacar todas las cartas de números y comodines, quedarse únicamente con las cartas especiales (por ejemplo la carta de reversa) de todos los colores.
- Revolver las cartas y colocar ocho cartas frente al participante.
- Decir "trate de recordar estas cartas, luego las voy a quitar y agregaré una más, usted debe decirme cuál fue la que agregué".
- Recoger las cartas frente al participante, barajarlas, agregar una carta más de forma aleatoria (preferentemente tomar nota de cuál carta fue) y colocar las nueve cartas frente al participante.
- Decir "¿cuál carta fue la que agregué?".
- Este ejercicio puede aumentar de dificultad aumentando el número de cartas a colocar en un inicio. Es preferible nunca agregar más de una carta nueva durante esta actividad.
- Cuando sea muy complicado comenzar la actividad con ocho cartas, es preferible reducir a cinco o seis e ir aumentando.

**6. Ficha de actividad:**

| No. | No. de cartas a recordar | No. de cartas nuevas | Ejemplo ✔ | Ejemplo ✘ | Ensayo 1 ✔ | Ensayo 1 ✘ | Tiempo | Ensayo 2 ✔ | Ensayo 2 ✘ | Tiempo | Ensayo 3 ✔ | Ensayo 3 ✘ | Tiempo |
|---|---|---|---|---|---|---|---|---|---|---|---|---|---|
| 1. | | | | | | | | | | | | | |
| 2. | | | | | | | | | | | | | |
| 3. | | | | | | | | | | | | | |
| 4. | | | | | | | | | | | | | |
| 5. | | | | | | | | | | | | | |
| 6. | | | | | | | | | | | | | |
| 7. | | | | | | | | | | | | | |
| 8. | | | | | | | | | | | | | |
| 9. | | | | | | | | | | | | | |
| 10. | | | | | | | | | | | | | |
| 11. | | | | | | | | | | | | | |
| 12. | | | | | | | | | | | | | |
| 13. | | | | | | | | | | | | | |
| 14. | | | | | | | | | | | | | |

**7. Video:**
http://bit.ly/Actividad7-8-9

73

**Actividad 10. Dato curioso.**

| 1. Nombre del participante: | Fecha: |
|---|---|
| | |

**2. Áreas de intervención:**
Memoria episódica verbal.

**3. Descripción de la actividad:**
Recuperar información autobiográfica.

**4. Material:**
- Ninguno.

**5. Instrucciones:**
- Esta es una actividad pensada para trabajar en grupo.
- Al iniciar la actividad pedir a los participantes que cuenten al grupo algo que los demás no sepan de ellos.
- Decir "ahora cada quién va a contar un dato que los demás no conozcamos de ustedes, pongan mucha atención porque se los voy a preguntar".
- Una vez que todos hayan escuchado los datos de todos los participantes continuar con otro ejercicio de estimulación cognitiva.
- A los cinco minutos, a los 15 minutos y a los 30 minutos, preguntar de forma particular: ¿quién me puede decir qué fue lo que contó _____ ".

**6. Ficha de actividad:**

| No. | Dato del participante | Ejemplo | | Ensayo 5 minutos | | Ensayo 15 minutos | | Ensayo 30 minutos | |
|---|---|---|---|---|---|---|---|---|---|
| | | ✔ | ✘ | ✔ | ✘ | ✔ | ✘ | ✔ | ✘ |
| 1. | | | | | | | | | |
| 2. | | | | | | | | | |
| 3. | | | | | | | | | |
| 4. | | | | | | | | | |
| 5. | | | | | | | | | |
| 6. | | | | | | | | | |
| 7. | | | | | | | | | |
| 8. | | | | | | | | | |
| 9. | | | | | | | | | |
| 10. | | | | | | | | | |
| 11. | | | | | | | | | |
| 12. | | | | | | | | | |
| 13. | | | | | | | | | |
| 14. | | | | | | | | | |
| 15. | | | | | | | | | |

**7. Video:**
http://bit.ly/Actividad10

**Actividad 11. Completar refranes.**

| 1. Nombre del participante: | Fecha: |
|---|---|
| | |

**2. Áreas de intervención:**
Lenguaje automático y abstracción del lenguaje.

**3. Descripción de la actividad:**
Completar un refrán y decir su significado.

**4. Material:**
- Hojas de papel con refranes.

**5. Instrucciones:**
- Compilar una serie de refranes y anotarlos en papel, luego cortarlos por la mitad de modo que sólo quede la frase inicial del refrán.
- Colocar la mitad de todos los refranes en una bolsa revolverlos.
- Frente al participante decir "saque un papel, léalo y complete lo que hace falta del refrán".
- Para aumentar el nivel de dificultad pedir que intente decir cuál es el significado de ese refrán.
- En esta actividad se trabaja el lenguaje automático por lo que adultos mayores incluso con un deterioro cognitivo más avanzado podrán resolverla.
- Decir el significado del refrán trabaja el lenguaje abstracto y es una actividad mucho más compleja.

**6. Ficha de actividad:**

| No. | Refrán | Ejemplo ✔ | Ejemplo ✘ | Ensayo 1 ✔ | Ensayo 1 ✘ | Signifi-cado | Ensayo 2 ✔ | Ensayo 2 ✘ | Signifi-cado | Ensayo 3 ✔ | Ensayo 3 ✘ | Signifi-cado |
|---|---|---|---|---|---|---|---|---|---|---|---|---|
| 1. | | | | | | | | | | | | |
| 2. | | | | | | | | | | | | |
| 3. | | | | | | | | | | | | |
| 4. | | | | | | | | | | | | |
| 5. | | | | | | | | | | | | |
| 6. | | | | | | | | | | | | |
| 7. | | | | | | | | | | | | |
| 8. | | | | | | | | | | | | |
| 9. | | | | | | | | | | | | |
| 10. | | | | | | | | | | | | |
| 11. | | | | | | | | | | | | |
| 12. | | | | | | | | | | | | |
| 13. | | | | | | | | | | | | |
| 14. | | | | | | | | | | | | |
| 15. | | | | | | | | | | | | |

**7. Video:**
http://bit.ly/Actividad11-12-13

75

**Actividad 12. Nombres al derecho y al revés.**

| 1. Nombre del participante: | Fecha: |
|---|---|
| | |

**2. Áreas de intervención:**
Atención, control mental y memoria de trabajo.

**3. Descripción de la actividad:**
Deletrear una palabra primero en orden correcto y luego al revés.

**4. Material:**
- Pizarrón y plumones.

**5. Instrucciones:**
- Pedirle al participante deletrear su nombre primero en orden correcto y luego al revés (por ejemplo, primero J O R G E y luego, E G R O J.
- Si se complica deletrear al revés, escribir las letras que el participante ya haya dicho en el pizarrón para que las observe mientras avanza la actividad.
- Si esta actividad se realiza de forma grupal puede ayudar a orientar a los participantes para que conozcan al grupo con el que están trabajando.

**6. Ficha de actividad:**

| No. | Nombre correcto | Nombre al revés | Ejemplo ✔ | Ejemplo ✘ | Ensayo 1 ✔ | Ensayo 1 ✘ | Tiempo | Ensayo 2 ✔ | Ensayo 2 ✘ | Tiempo | Ensayo 3 ✔ | Ensayo 3 ✘ | Tiempo |
|---|---|---|---|---|---|---|---|---|---|---|---|---|---|
| 1. | | | | | | | | | | | | | |
| 2. | | | | | | | | | | | | | |
| 3. | | | | | | | | | | | | | |
| 4. | | | | | | | | | | | | | |
| 5. | | | | | | | | | | | | | |
| 6. | | | | | | | | | | | | | |
| 7. | | | | | | | | | | | | | |
| 8. | | | | | | | | | | | | | |
| 9. | | | | | | | | | | | | | |
| 10. | | | | | | | | | | | | | |
| 11. | | | | | | | | | | | | | |
| 12. | | | | | | | | | | | | | |
| 13. | | | | | | | | | | | | | |
| 14. | | | | | | | | | | | | | |
| 15. | | | | | | | | | | | | | |

**7. Video:**
http://bit.ly/Actividad11-12-13

76

**Actividad 13. Dibujar en la mano.**

| 1. Nombre del participante: | Fecha: |
| --- | --- |
| | |

**2. Áreas de intervención:**

Percepción táctil y praxia constructiva-gráfica.

**3. Descripción de la actividad:**

Hacer un dibujo que ha sido percibido de forma táctil previamente.

**4. Material:**

- Lápiz y papel.

**5. Instrucciones:**

- Dibujar en la mano del participante figuras geométricas simples, letras o números utilizando el dedo índice como si fuera un lápiz.
- Después, pedirle al participante que dibuje la figura que acaba de sentir que fue dibujada en su mano con el lápiz y el papel.
- Se debe indicar al participante si la figura dibujada será una figura geométrica, una letra o un número.
- Esta actividad somatosensorial permite al participante trabajar la praxia es decir el control del movimiento voluntario para realizar dibujos.

**6. Ficha de actividad:**

| No. | Figura | Mano: der. o izq. | Ejemplo ✔ | Ejemplo ✘ | Ensayo 1 ✔ | Ensayo 1 ✘ | Tiempo | Ensayo 2 ✔ | Ensayo 2 ✘ | Tiempo | Ensayo 3 ✔ | Ensayo 3 ✘ | Tiempo |
| --- | --- | --- | --- | --- | --- | --- | --- | --- | --- | --- | --- | --- | --- |
| 1. | | | | | | | | | | | | | |
| 2. | | | | | | | | | | | | | |
| 3. | | | | | | | | | | | | | |
| 4. | | | | | | | | | | | | | |
| 5. | | | | | | | | | | | | | |
| 6. | | | | | | | | | | | | | |
| 7. | | | | | | | | | | | | | |
| 8. | | | | | | | | | | | | | |
| 9. | | | | | | | | | | | | | |
| 10. | | | | | | | | | | | | | |
| 11. | | | | | | | | | | | | | |
| 12. | | | | | | | | | | | | | |
| 13. | | | | | | | | | | | | | |
| 14. | | | | | | | | | | | | | |
| 15. | | | | | | | | | | | | | |

**7. Video:**

http://bit.ly/Actividad11-12-13

**Actividad 14. Encuentra la palabra.**

| 1. Nombre del participante: | Fecha: |
|---|---|
| | |

**2. Áreas de intervención:**
Vocabulario y memoria semántica.

**3. Descripción de la actividad:**
Decir qué palabra corresponde una definición determinada.

**4. Material:**
- Diccionario.

**5. Instrucciones:**
- Seleccionar al azar una palabra del diccionario.
- Leer la definición de la palabra en voz alta.
- Pedirle al participante que diga de qué palabra se trata.
- Decir "escuche la definición de esta palabra, usted me va a decir de qué palabra se trata".
- Se puede reducir el nivel de dificultad de este ejercicio si se da una pista. Decir "la palabra empieza con la letra: ___".
- Seguir agregando letras hasta que el participante diga la palabra.
- En esta actividad se estimula la memoria semántica es decir la memoria del conocimiento adquirido a través del ambiente y como es una actividad verbal que permita trabajar incluso con personas con algún déficit visual.

**6. Ficha de actividad:**

| No. | Palabra | Pistas | Ejemplo ✔ | Ejemplo ✘ | Ensayo 1 ✔ | Ensayo 1 ✘ | Tiempo | Ensayo 2 ✔ | Ensayo 2 ✘ | Tiempo | Ensayo 3 ✔ | Ensayo 3 ✘ | Tiempo |
|---|---|---|---|---|---|---|---|---|---|---|---|---|---|
| 1. | | | | | | | | | | | | | |
| 2. | | | | | | | | | | | | | |
| 3. | | | | | | | | | | | | | |
| 4. | | | | | | | | | | | | | |
| 5. | | | | | | | | | | | | | |
| 6. | | | | | | | | | | | | | |
| 7. | | | | | | | | | | | | | |
| 8. | | | | | | | | | | | | | |
| 9. | | | | | | | | | | | | | |
| 10. | | | | | | | | | | | | | |
| 11. | | | | | | | | | | | | | |
| 12. | | | | | | | | | | | | | |
| 13. | | | | | | | | | | | | | |
| 14. | | | | | | | | | | | | | |
| 15. | | | | | | | | | | | | | |

**7. Video:**
http://bit.ly/Actividad14-15-16

78

78

**Actividad 15. Reconocimiento de sonidos.**

| 1. Nombre del participante: | Fecha: |
|---|---|
| | |

**2. Áreas de intervención:**
Gnosis auditiva y lenguaje por denominación.

**3. Descripción de la actividad:**
Reconocer y nombrar a qué elemento corresponde un sonido determinado.

**4. Material:**
- Audiovisual con acceso a YouTube.

**5. Instrucciones:**
- Para esta actividad es necesario un dispositivo conectado a YouTube.
- Buscar un video o audio en el que se escuchen sonidos de la naturaleza, animales y otros objetos domésticos
- Sin presentar ningún video u otras pistas, pedirle al participante que diga qué sonido está escuchando. Decir "A continuación escuchará unos sonidos, después de escucharlos dígame a qué pertenecen los sonidos que escuchó".
- Se puede reducir el nivel de dificultad de esta actividad si se ofrecen opciones al participante, por ejemplo decir "acaba de escuchar el sonido de un animal, ¿era una vaca, un perro o un caballo?"
- Se puede aumentar el nivel de dificultad si el participante escucha tres sonidos diferentes y posteriormente los dice en el orden en el que se presentaron.

**6. Ficha de actividad:**

| No. | Sonido(s) | Pistas | Ejemplo ✔ | Ejemplo ✘ | Ensayo 1 ✔ | Ensayo 1 ✘ | Tiempo | Ensayo 2 ✔ | Ensayo 2 ✘ | Tiempo | Ensayo 3 ✔ | Ensayo 3 ✘ | Tiempo |
|---|---|---|---|---|---|---|---|---|---|---|---|---|---|
| 1. | | | | | | | | | | | | | |
| 2. | | | | | | | | | | | | | |
| 3. | | | | | | | | | | | | | |
| 4. | | | | | | | | | | | | | |
| 5. | | | | | | | | | | | | | |
| 6. | | | | | | | | | | | | | |
| 7. | | | | | | | | | | | | | |
| 8. | | | | | | | | | | | | | |
| 9. | | | | | | | | | | | | | |
| 10. | | | | | | | | | | | | | |
| 11. | | | | | | | | | | | | | |
| 12. | | | | | | | | | | | | | |
| 13. | | | | | | | | | | | | | |
| 14. | | | | | | | | | | | | | |
| 15. | | | | | | | | | | | | | |

**7. Video:**
http://bit.ly/Actividad14-15-16

**Actividad 16. Nombrar objetos.**

**1. Nombre del participante:** | **Fecha:**

**2. Áreas de intervención:**
Gnosis táctil y lenguaje por denominación.

**3. Descripción de la actividad:**
Nombrar los objetos que se presentan sin verlos.

**4. Material:**
- Objetos diversos de uso cotidiano.
- Paliacate (u otro material para tapar los ojos del participante).

**5. Instrucciones:**
- Recolectar de casa objetos de uso cotidiano que sean fácilmente reconocibles a través del tacto.
- Tapar o vendar los ojos al participante.
- Pasarle los objetos al participante con los ojos vendados y decir "sin ver, nombre los objetos que le voy a pasar lo más rápido que pueda".
- Al realizar esta actividad con un grupo grande de adultos mayores es preferible tener una gran cantidad de objetos para que estos no se repitan tan rápido.
- Se puede incrementar el nivel de dificultad aumentando el número de objetos y pidiéndole al participante que recuerde el orden en el que se fueron presentando.

**6. Ficha de actividad:**

| No. | No. de objetos | Objetos | Ejemplo ✔ | Ejemplo ✘ | Ensayo 1 ✔ | Ensayo 1 ✘ | Tiempo | Ensayo 2 ✔ | Ensayo 2 ✘ | Tiempo | Ensayo 3 ✔ | Ensayo 3 ✘ | Tiempo |
|---|---|---|---|---|---|---|---|---|---|---|---|---|---|
| 1. | | | | | | | | | | | | | |
| 2. | | | | | | | | | | | | | |
| 3. | | | | | | | | | | | | | |
| 4. | | | | | | | | | | | | | |
| 5. | | | | | | | | | | | | | |
| 6. | | | | | | | | | | | | | |
| 7. | | | | | | | | | | | | | |
| 8. | | | | | | | | | | | | | |
| 9. | | | | | | | | | | | | | |
| 10. | | | | | | | | | | | | | |
| 11. | | | | | | | | | | | | | |
| 12. | | | | | | | | | | | | | |
| 13. | | | | | | | | | | | | | |
| 14. | | | | | | | | | | | | | |
| 15. | | | | | | | | | | | | | |

**7. Video:**
http://bit.ly/Actividad14-15-16

**Actividad 17. Gato sin garabato.**

| 1. Nombre del participante: | Fecha: |
|---|---|
|  |  |

**2. Áreas de intervención:**
Memoria episódica viso-verbal.

**3. Descripción de la actividad:**
Recordar un patrón de figuras en una matriz.

**4. Material:**
- Una hoja de papel con el dibujo del juego de gato (símbolo #).
- Etiquetas adhesivas auto-adheribles de diferentes colores o tamaños.

**5. Instrucciones:**
- Colocar en cualquier patrón las etiquetas ocupando cada uno de los nueve lugares disponibles del juego de gato (#). Pedir al participante que los recuerde y darle unos segundos para memorizar tanto el tamaño como el color de la etiqueta.
- Después retirar de la vista del participante la hoja de papel con el dibujo de gato # y las etiquetas. Entregarle una nueva hoja con el patrón dibujado y pedirle que coloque las etiquetas con el patrón como lo vio antes.
- Para aumentar la dificultad del ejercicio puede aumentarse el tiempo entre la visualización del patrón y la copia (latencia).
- Puede empezar esta actividad con solo dos o tres etiquetas e ir aumentando la cantidad según sea necesario.

**6. Ficha de actividad:**

| No. | No. de etiquetas | Latencia | Ejemplo ✔ | Ejemplo ✘ | Ensayo 1 ✔ | Ensayo 1 ✘ | Tiempo | Ensayo 2 ✔ | Ensayo 2 ✘ | Tiempo | Ensayo 3 ✔ | Ensayo 3 ✘ | Tiempo |
|---|---|---|---|---|---|---|---|---|---|---|---|---|---|
| 1. | | | | | | | | | | | | | |
| 2. | | | | | | | | | | | | | |
| 3. | | | | | | | | | | | | | |
| 4. | | | | | | | | | | | | | |
| 5. | | | | | | | | | | | | | |
| 6. | | | | | | | | | | | | | |
| 7. | | | | | | | | | | | | | |
| 8. | | | | | | | | | | | | | |
| 9. | | | | | | | | | | | | | |
| 10. | | | | | | | | | | | | | |
| 11. | | | | | | | | | | | | | |
| 12. | | | | | | | | | | | | | |
| 13. | | | | | | | | | | | | | |
| 14. | | | | | | | | | | | | | |
| 15. | | | | | | | | | | | | | |

**7. Video:**
http://bit.ly/Actividad17-18-19

**Actividad 18. Sumas del súper.**

| 1. Nombre del participante: | Fecha: |
|---|---|
| | |

**2. Áreas de intervención:**
Cálculo mental y memoria de trabajo.

**3. Descripción de la actividad:**
Realizar operaciones matemáticas.

**4. Material:**
- Pizarrón a la vista del participante.
- Plumones de colores.

**5. Instrucciones:**
- Armar una lista de compras donde se ponga un objeto y su precio. Esta lista se puede hacer con palabras o imágenes. Por ejemplo, un paquete de pan $22, un litro de leche $15, una barra de jabón $12, etc.
- Colocar la lista de objetos donde el participante pueda verla. Después pedirle que haga cálculos aritméticos simples, como sumas, usando los nombres de los objetos en lugar de las cantidades. Por ejemplo diciendo "¿cuánto es un litro de leche más un paquete de pan?"
- Los ejercicios aritméticos pueden ser más complejos, diciendo "Compro 2 litros de leche y 1 paquete de pan, ¿cuánto me sobra si pago con un billete de 50 y otro de 20?"
- Después, se puede probar esta actividad quitando de la vista del participante la lista de objetos con los precios.

**6. Ficha de actividad:**

| No. | No. de operaciones | ¿Lista a la vista? | Ejemplo ✔ | Ejemplo ✘ | Ensayo 1 ✔ | Ensayo 1 ✘ | Tiempo | Ensayo 2 ✔ | Ensayo 2 ✘ | Tiempo | Ensayo 3 ✔ | Ensayo 3 ✘ | Tiempo |
|---|---|---|---|---|---|---|---|---|---|---|---|---|---|
| 1. | | | | | | | | | | | | | |
| 2. | | | | | | | | | | | | | |
| 3. | | | | | | | | | | | | | |
| 4. | | | | | | | | | | | | | |
| 5. | | | | | | | | | | | | | |
| 6. | | | | | | | | | | | | | |
| 7. | | | | | | | | | | | | | |
| 8. | | | | | | | | | | | | | |
| 9. | | | | | | | | | | | | | |
| 10. | | | | | | | | | | | | | |
| 11. | | | | | | | | | | | | | |
| 12. | | | | | | | | | | | | | |
| 13. | | | | | | | | | | | | | |
| 14. | | | | | | | | | | | | | |
| 15. | | | | | | | | | | | | | |

**7. Video:**
http://bit.ly/Actividad17-18-19

**Actividad 19. Palabras en regla.**

| 1. Nombre del participante: | Fecha: |
|---|---|
| | |

**2. Áreas de intervención:**
Fluidez verbal.

**3. Descripción de la actividad:**
Recuperar palabras que cumplan con ciertas características.

**4. Material:**
- Pizarrón a la vista del participante.
- Plumones de colores.

**5. Instrucciones:**
- Pedir al participante que diga palabras que cumplan diferentes reglas. Por ejemplo, pidiendo que diga palabras que empiecen con "pa", como "padre" o "pastor".
- Conforme el ejercicio avanza cambiar la regla. Por ejemplo, pidiendo que diga palabras que terminen con la sílaba "da", como "patada" o "ensalada".
- La tercer regla es decir palabras que tengan la sílaba en medio, por ejemplo palabras que en medio tengan la sílaba "ma", como "camada" o "pomada".

**6. Ficha de actividad:**

| No. | Sílaba | Lugar donde coloca la sílaba | Ejemplo ✔ | Ejemplo ✗ | Ensayo 1 ✔ | Ensayo 1 ✗ | Tiempo | Ensayo 2 ✔ | Ensayo 2 ✗ | Tiempo | Ensayo 3 ✔ | Ensayo 3 ✗ | Tiempo |
|---|---|---|---|---|---|---|---|---|---|---|---|---|---|
| 1. | | | | | | | | | | | | | |
| 2. | | | | | | | | | | | | | |
| 3. | | | | | | | | | | | | | |
| 4. | | | | | | | | | | | | | |
| 5. | | | | | | | | | | | | | |
| 6. | | | | | | | | | | | | | |
| 7. | | | | | | | | | | | | | |
| 8. | | | | | | | | | | | | | |
| 9. | | | | | | | | | | | | | |
| 10. | | | | | | | | | | | | | |
| 11. | | | | | | | | | | | | | |
| 12. | | | | | | | | | | | | | |
| 13. | | | | | | | | | | | | | |
| 14. | | | | | | | | | | | | | |
| 15. | | | | | | | | | | | | | |

**7. Video:**
http://bit.ly/Actividad17-18-19

83

**Actividad 20. Documentándose.**

| 1. Nombre del participante: | Fecha: |
|---|---|
| | |

**2. Áreas de intervención:**
Memoria episódica verbal.

**3. Descripción de la actividad:**
Recuperar el contenido informativo de un video.

**4. Material:**
- Un equipo audiovisual para reproducir un video de internet.

**5. Instrucciones:**
- Para esta actividad es necesario un equipo audiovisual para reproducir un video frente al participante.
- Elegir un documental que pueda resultar de interés para el participante (p.ej. de animales), se pueden elegir plataformas como Youtube o Netflix.
- Pedir al participante que se mantenga atento al video porque le harás preguntas.
- Reproducir el documental uno, dos o cinco minutos, mientras se anotan preguntas sobre datos interesantes que se hayan dicho en el documental (p.ej. ¿cuántas horas del día pasa comiendo un panda?).
- Detener el video y pedir al participante que responda las preguntas.
- Esta actividad trabaja la memoria verbal a corto plazo y se puede hacer más compleja si se deja correr el video más tiempo.
- Tratar de que las preguntas que sean muy puntuales y concretas.

**6. Ficha de actividad:**

| No. | Pregunta | Ejemplo | | Ensayo 1 | | Tiempo del video | Ensayo 2 | | Tiempo del video | Ensayo 3 | | Tiempo del video |
|---|---|---|---|---|---|---|---|---|---|---|---|---|
| | | ✔ | ✘ | ✔ | ✘ | | ✔ | ✘ | | ✔ | ✘ | |
| 1. | | | | | | | | | | | | |
| 2. | | | | | | | | | | | | |
| 3. | | | | | | | | | | | | |
| 4. | | | | | | | | | | | | |
| 5. | | | | | | | | | | | | |
| 6. | | | | | | | | | | | | |
| 7. | | | | | | | | | | | | |
| 8. | | | | | | | | | | | | |
| 9. | | | | | | | | | | | | |
| 10. | | | | | | | | | | | | |
| 11. | | | | | | | | | | | | |
| 12. | | | | | | | | | | | | |
| 13. | | | | | | | | | | | | |
| 14. | | | | | | | | | | | | |
| 15. | | | | | | | | | | | | |

**7. Video:**
http://bit.ly/Actividad20

84

**Actividad 21. Damas revueltas.**

| 1. Nombre del participante: | Fecha: |
|---|---|
| | |

**2. Áreas de intervención:**
Atención selectiva y velocidad de procesamiento.

**3. Descripción de la actividad:**
Copiar un patrón de canicas y colocarlo como si se estuviera viendo en espejo.

**4. Material:**
- Tablero y canicas de damas chinas.

**5. Instrucciones:**
- Colocar un patrón de las canicas de damas chinas en el tablero.
- Pedirle al participante que coloque sus fichas justo al lado de las que se colocaron para el ejercicio pero como si las estuviera viendo en un espejo.
- Decir "Mire estas fichas, ahora coloque las suyas al lado pero como si las estuviera viendo en un espejo".
- Se puede elevar la dificultad del ejercicio incrementando el número de canicas que el participante debe copiar en espejo.

**6. Ficha de actividad:**

| No. | No. de canicas | Ejemplo | | Ensayo 1 | | Tiempo | Ensayo 2 | | Tiempo | Ensayo 3 | | Tiempo |
|---|---|---|---|---|---|---|---|---|---|---|---|---|
| | | ✔ | ✘ | ✔ | ✘ | | ✔ | ✘ | | ✔ | ✘ | |
| 1. | | | | | | | | | | | | |
| 2. | | | | | | | | | | | | |
| 3. | | | | | | | | | | | | |
| 4. | | | | | | | | | | | | |
| 5. | | | | | | | | | | | | |
| 6. | | | | | | | | | | | | |
| 7. | | | | | | | | | | | | |
| 8. | | | | | | | | | | | | |
| 9. | | | | | | | | | | | | |
| 10. | | | | | | | | | | | | |
| 11. | | | | | | | | | | | | |
| 12. | | | | | | | | | | | | |
| 13. | | | | | | | | | | | | |
| 14. | | | | | | | | | | | | |
| 15. | | | | | | | | | | | | |

**7. Video:**
http://bit.ly/Actividad21-22-23

85

**Actividad 22. Sumas veloces.**

| 1. Nombre del participante: | Fecha: |
|---|---|
| | |

**2. Áreas de intervención:**
Cálculo, velocidad de procesamiento y memoria de trabajo.

**3. Descripción de la actividad:**
Realizar sumas rápidamente con fichas de dominó.

**4. Material:**
- Fichas de dominó.
- Calculadora.

**5. Instrucciones:**
- Colocar 10 fichas de dominó boca abajo frente al participante.
- Mostrar al participante las fichas de dominó de una en una.
- Decir "sume los puntos de cada ficha lo más rápido que pueda". Por ejemplo, si la primera ficha de dominó tiene seis puntos, sacar la siguiente (por ejemplo) con cinco puntos, entonces 6 + 5 = 11; y la siguiente ficha tiene nueve puntos entonces 11 + 9 = 20.
- Verificar el resultado con la calculadora y si hay una fallo corregir inmediatamente.
- Se puede aumentar el nivel de dificultad aumentando el número de fichas de dominó.

**6. Ficha de actividad:**

| No. | No. de fichas | Ejemplo | | Ensayo 1 | | Tiempo | Ensayo 2 | | Tiempo | Ensayo 3 | | Tiempo |
|---|---|---|---|---|---|---|---|---|---|---|---|---|
| | | ✔ | ✘ | ✔ | ✘ | | ✔ | ✘ | | ✔ | ✘ | |
| 1. | | | | | | | | | | | | |
| 2. | | | | | | | | | | | | |
| 3 | | | | | | | | | | | | |
| 4. | | | | | | | | | | | | |
| 5. | | | | | | | | | | | | |
| 6. | | | | | | | | | | | | |
| 7. | | | | | | | | | | | | |
| 8. | | | | | | | | | | | | |
| 9. | | | | | | | | | | | | |
| 10. | | | | | | | | | | | | |
| 11. | | | | | | | | | | | | |
| 12. | | | | | | | | | | | | |
| 13. | | | | | | | | | | | | |
| 14. | | | | | | | | | | | | |
| 15. | | | | | | | | | | | | |

**7. Video:**
http://bit.ly/Actividad21-22-23

86

**Actividad 22. Sumas veloces.**

| 1. Nombre del participante: | Fecha: |
|---|---|
| | |

**2. Áreas de intervención:**
Cálculo, velocidad de procesamiento y memoria de trabajo.

**3. Descripción de la actividad:**
Realizar sumas rápidamente con fichas de dominó.

**4. Material:**
- Fichas de dominó.
- Calculadora.

**5. Instrucciones:**
- Colocar 10 fichas de dominó boca abajo frente al participante.
- Mostrar al participante las fichas de dominó de una en una.
- Decir "sume los puntos de cada ficha lo más rápido que pueda". Por ejemplo, si la primera ficha de dominó tiene seis puntos, sacar la siguiente (por ejemplo) con cinco puntos, entonces 6 + 5 = 11; y la siguiente ficha tiene nueve puntos entonces 11 + 9 = 20.
- Verificar el resultado con la calculadora y si hay una fallo corregir inmediatamente.
- Se puede aumentar el nivel de dificultad aumentando el número de fichas de dominó.

**6. Ficha de actividad:**

| No. | No. de fichas | Ejemplo | | Ensayo 1 | | Tiempo | Ensayo 2 | | Tiempo | Ensayo 3 | | Tiempo |
|---|---|---|---|---|---|---|---|---|---|---|---|---|
| | | ✓ | ✗ | ✓ | ✗ | | ✓ | ✗ | | ✓ | ✗ | |
| 1. | | | | | | | | | | | | |
| 2. | | | | | | | | | | | | |
| 3. | | | | | | | | | | | | |
| 4. | | | | | | | | | | | | |
| 5. | | | | | | | | | | | | |
| 6. | | | | | | | | | | | | |
| 7. | | | | | | | | | | | | |
| 8. | | | | | | | | | | | | |
| 9. | | | | | | | | | | | | |
| 10. | | | | | | | | | | | | |
| 11. | | | | | | | | | | | | |
| 12. | | | | | | | | | | | | |
| 13. | | | | | | | | | | | | |
| 14. | | | | | | | | | | | | |
| 15. | | | | | | | | | | | | |

**7. Video:**
http://bit.ly/Actividad21-22-23

87

**Actividad 24. Formar palabras.**

| 1. Nombre del participante: | Fecha: |
|---|---|
| | |

**2. Áreas de intervención:**
Vocabulario.

**3. Descripción de la actividad:**
Encontrar una palabra que ha sido desordenada.

**4. Material:**
- Tarjetas o fichas con letras.

**5. Instrucciones:**
- Esta actividad se trata de formar palabras usando pistas semánticas.
- Es necesario tener suficientes fichas o tarjetas con letras para formar palabras.
- Primero escoger un campo semántico para trabajar con el participante, preferentemente utilizar un campo semántico que le sea útil y conocido, por ejemplo animales.
- Luego seleccionar una palabra que pertenezca a ese campo semántico por ejemplo TIGRE.
- Finalmente tomar las fichas que formen la palabra seleccionada, desordenarlas y entrégalas al participante diciendo: "estas letras forman el nombre de un animal, póngalas en orden para saber cuál es".
- Se puede aumentar la dificultad del ejercicio usando palabras cada vez más largas.

**6. Ficha de actividad:**

| No. | Palabra | No. letras | Ejemplo ✔ | Ejemplo ✘ | Ensayo 1 ✔ | Ensayo 1 ✘ | Tiempo | Ensayo 2 ✔ | Ensayo 2 ✘ | Tiempo | Ensayo 3 ✔ | Ensayo 3 ✘ | Tiempo |
|---|---|---|---|---|---|---|---|---|---|---|---|---|---|
| 1. | | | | | | | | | | | | | |
| 2. | | | | | | | | | | | | | |
| 3. | | | | | | | | | | | | | |
| 4. | | | | | | | | | | | | | |
| 5. | | | | | | | | | | | | | |
| 6. | | | | | | | | | | | | | |
| 7. | | | | | | | | | | | | | |
| 8. | | | | | | | | | | | | | |
| 9. | | | | | | | | | | | | | |
| 10. | | | | | | | | | | | | | |
| 11. | | | | | | | | | | | | | |
| 12. | | | | | | | | | | | | | |
| 13. | | | | | | | | | | | | | |
| 14. | | | | | | | | | | | | | |
| 15. | | | | | | | | | | | | | |

**7. Video:**
http://bit.ly/Actividad24-25-26

**Actividad 25. Atención a la letra.**

| 1. Nombre del participante: | Fecha: |
|---|---|
| | |

**2. Áreas de intervención:**

Atención sostenida.

**3. Descripción de la actividad:**

Señalar cuando se presenta un estímulo auditivo.

**4. Material:**

- Libro de frases, novela u otro.

**5. Instrucciones:**

- Recopilar frases célebres, un párrafo de un libro o algo similar.
- Decir al participante: "Le voy a leer unas frases y debe dar golpe a la mesa cuando escuche una palabra que termine en vocal."
- Posteriormente comenzar la lectura sin detenerse.
- Se puede aumentar la dificultad de la actividad aumentando el tiempo de la lectura o el número de frases que se leen. No debe interrumpirse la lectura y esta debe ser fluida.

**6. Ficha de actividad:**

| No. | No. frases | Tiempo de lectura | Ejemplo ✔ | Ejemplo ✘ | Ensayo 1 ✔ | Ensayo 1 ✘ | No. de golpes | Ensayo 2 ✔ | Ensayo 2 ✘ | No. de golpes | Ensayo 3 ✔ | Ensayo 3 ✘ | No. de golpes |
|---|---|---|---|---|---|---|---|---|---|---|---|---|---|
| 1. | | | | | | | | | | | | | |
| 2. | | | | | | | | | | | | | |
| 3. | | | | | | | | | | | | | |
| 4. | | | | | | | | | | | | | |
| 5. | | | | | | | | | | | | | |
| 6. | | | | | | | | | | | | | |
| 7. | | | | | | | | | | | | | |
| 8. | | | | | | | | | | | | | |
| 9. | | | | | | | | | | | | | |
| 10. | | | | | | | | | | | | | |
| 11. | | | | | | | | | | | | | |
| 12. | | | | | | | | | | | | | |
| 13. | | | | | | | | | | | | | |
| 14. | | | | | | | | | | | | | |
| 15. | | | | | | | | | | | | | |

**7. Video:**

http://bit.ly/Actividad24-25-26

**Actividad 26. Recuerda números.**

| 1. Nombre del participante: | Fecha: |
|---|---|
| | |

**2. Áreas de intervención:**
Memoria de episódica audioverbal y atención focalizada.

**3. Descripción de la actividad:**
Recordar una serie de números tras una demora.

**4. Material:**
- Fichas con números (pueden utilizarse las del juego bingo).
- Un libro de frases célebres (pueden descargarse de internet).

**5. Instrucciones:**
- Seleccionar tres fichas con números, por ejemplo, 14, 27 y 3.
- Seleccionar una frase célebre.
- Presentar las fichas al participante y decir "le mostraré tres números que debe decir en voz alta y recordar, luego le voy a leer unas frases y debe dar un aplauso (golpe a la mesa o similar) cuando diga una palabra que termine en vocal, finalmente diga los números que dijo a principio". (Esta tarea es la ficha de actividad 25).
- Posteriormente presentar los tres números, esperar a que el participante los lea en voz alta. Ocultarlos y leer la frase en voz alta para que el participante golpee cada vez que escuche una palabra que termine en vocal.
- Después pedir al participante "ahora dígame los números que leyó al principio".
- Se puede aumentar el nivel de dificultad aumentando el tiempo de demora para la recuperación de los números, pasar de una a dos frases.

**6. Ficha de actividad:**

| No. | Números | No. de frases | Ejemplo ✔ | Ejemplo ✘ | Ensayo 1 ✔ | Ensayo 1 ✘ | Tiempo | Ensayo 2 ✔ | Ensayo 2 ✘ | Tiempo | Ensayo 3 ✔ | Ensayo 3 ✘ | Tiempo |
|---|---|---|---|---|---|---|---|---|---|---|---|---|---|
| 1. | | | | | | | | | | | | | |
| 2. | | | | | | | | | | | | | |
| 3. | | | | | | | | | | | | | |
| 4. | | | | | | | | | | | | | |
| 5. | | | | | | | | | | | | | |
| 6. | | | | | | | | | | | | | |
| 7. | | | | | | | | | | | | | |
| 8. | | | | | | | | | | | | | |
| 9. | | | | | | | | | | | | | |
| 10. | | | | | | | | | | | | | |
| 11. | | | | | | | | | | | | | |
| 12. | | | | | | | | | | | | | |
| 13. | | | | | | | | | | | | | |
| 14. | | | | | | | | | | | | | |
| 15. | | | | | | | | | | | | | |

**7. Video:**
http://bit.ly/Actividad24-25-26

**Actividad 27. Efecto Stroop.**

| 1. Nombre del participante: | Fecha: |
|---|---|
| | |

**2. Áreas de intervención:**

Atención sostenida e inhibición.

**3. Descripción de la actividad:**

Nombrar el color de tinta con la que están escritas unas palabras.

**4. Material:**

- Una serie de tarjetas con nombres de colores pero escritas con tinta de un color diferente al que está escrito.

**5. Instrucciones:**

- Para realizar esta actividad primero imprimir en pequeñas tarjetas nombres de colores escritos con una tinta de otro color, por ejemplo, imprimir la palabra "AZUL" en tinta ROJA.
- Mostrar las tarjetas al participante y decir: "sin leer, dígame el color de la tinta en el que están escritas las palabras".
- Anotar cuántas puede hacer en un minuto o qué tan rápido resuelve todas las tarjetas.
- Esta actividad puede hacerse más compleja utilizando una instrucción semejante a la que aparecen en la ficha Actividad 6. Domina el dominó. En lugar de que diga inmediatamente el nombre del color, deberá recordarlo y decirlo cuando se muestre la siguiente tarjeta (revisar la ficha de actividad 6).

**6. Ficha de actividad:**

| No. | No. de tarjetas | Ejemplo | | Ensayo 1 | | Tiempo | Ensayo 2 | | Tiempo | Ensayo 3 | | Tiempo |
|---|---|---|---|---|---|---|---|---|---|---|---|---|
| | | ✓ | ✗ | ✓ | ✗ | | ✓ | ✗ | | ✓ | ✗ | |
| 1. | | | | | | | | | | | | |
| 2. | | | | | | | | | | | | |
| 3. | | | | | | | | | | | | |
| 4. | | | | | | | | | | | | |
| 5. | | | | | | | | | | | | |
| 6. | | | | | | | | | | | | |
| 7. | | | | | | | | | | | | |
| 8. | | | | | | | | | | | | |
| 9. | | | | | | | | | | | | |
| 10. | | | | | | | | | | | | |
| 11. | | | | | | | | | | | | |
| 12. | | | | | | | | | | | | |
| 13. | | | | | | | | | | | | |
| 14. | | | | | | | | | | | | |
| 15. | | | | | | | | | | | | |

**7. Video:**

http://bit.ly/Actividad27-28-29

**Actividad 28. Lectura de memoria.**

| 1. Nombre del participante: | Fecha: |
|---|---|
| | |

**2. Áreas de intervención:**
Lectura y memoria de trabajo.

**3. Descripción de la actividad:**
Leer una frase, luego recordar la última palabra de la frase leída.

**4. Material:**
- Libro de frases, novela o descargar frases de internet.

**5. Instrucciones:**
- Presentar al participante las frases de una en una.
- Decir "debe leer en voz alta las frases y recordar la última palabra de cada frase".
- Después de haber leído dos frases seguidas quitarlas de la vista del participante.
- Preguntar "¿cuáles eran las palabras que le pedí que recordara?"
- Con dos o tres frases es un ejercicio suficientemente retador para el adulto mayor, se puede incrementar el nivel de dificultad pidiendo al participante que lea más frases.

**6. Ficha de actividad:**

| No. | No. de frases | Palabras | Ejemplo ✔ | Ejemplo ✘ | Ensayo 1 ✔ | Ensayo 1 ✘ | Tiempo | Ensayo 2 ✔ | Ensayo 2 ✘ | Tiempo | Ensayo 3 ✔ | Ensayo 3 ✘ | Tiempo |
|---|---|---|---|---|---|---|---|---|---|---|---|---|---|
| 1. | | | | | | | | | | | | | |
| 2. | | | | | | | | | | | | | |
| 3. | | | | | | | | | | | | | |
| 4. | | | | | | | | | | | | | |
| 5. | | | | | | | | | | | | | |
| 6. | | | | | | | | | | | | | |
| 7. | | | | | | | | | | | | | |
| 8. | | | | | | | | | | | | | |
| 9. | | | | | | | | | | | | | |
| 10. | | | | | | | | | | | | | |
| 11. | | | | | | | | | | | | | |
| 12. | | | | | | | | | | | | | |
| 13. | | | | | | | | | | | | | |
| 14. | | | | | | | | | | | | | |
| 15. | | | | | | | | | | | | | |

**7. Video:**
http://bit.ly/Actividad27-28-29

**Actividad 29. Alternar series.**

| 1. Nombre del participante: | Fecha: |
|---|---|
| | |

**2. Áreas de intervención:**
Atención y memoria de trabajo.

**3. Descripción de la actividad:**
Alternar dos series automáticas.

**4. Material:**
- Pizarrón.

**5. Instrucciones:**

- Pensar en dos tipos de series automáticas. Una serie automática es cualquier tipo de lenguaje que haya sido sobreaprendido, por ejemplo, los días de la semana, los meses del año, contar del 1 al 10, un rezo, un refrán o una canción.
- Pedirle al participante que alterne entre las dos series seleccionadas (por ejemplo, números y días de la semana). Decir "ahora me va a decir los números en orden pero alternando con los días de la semana en orden, por ejemplo, lunes-1; martes-2; etcétera, ahora hágalo usted".
- Se puede aumentar el nivel de dificultad del ejercicio pidiendo que haga las series pero en orden inverso, por ejemplo, diciembre-12; noviembre-11, etcétera.

**6. Ficha de actividad:**

| No. | Series | Orden | Ejemplo | | Ensayo 1 | | Tiempo | Ensayo 2 | | Tiempo | Ensayo 3 | | Tiempo |
|---|---|---|---|---|---|---|---|---|---|---|---|---|---|
| | | | ✓ | ✗ | ✓ | ✗ | | ✓ | ✗ | | ✓ | ✗ | |
| 1. | | | | | | | | | | | | | |
| 2. | | | | | | | | | | | | | |
| 3. | | | | | | | | | | | | | |
| 4. | | | | | | | | | | | | | |
| 5. | | | | | | | | | | | | | |
| 6. | | | | | | | | | | | | | |
| 7. | | | | | | | | | | | | | |
| 8. | | | | | | | | | | | | | |
| 9. | | | | | | | | | | | | | |
| 10. | | | | | | | | | | | | | |
| 11. | | | | | | | | | | | | | |
| 12. | | | | | | | | | | | | | |
| 13. | | | | | | | | | | | | | |
| 14. | | | | | | | | | | | | | |
| 15. | | | | | | | | | | | | | |

**7. Video:**
http://bit.ly/Actividad27-28-29

93

**Actividad 30. Exposición de arte.**

| 1. Nombre del participante: | Fecha: |
|---|---|
| | |

**2. Áreas de intervención:**

Socialización.

**3. Descripción de la actividad:**

Realizar una presentación de trabajos de arte.

**4. Material:**

- Varios.

**5. Instrucciones:**

La actividad 30 está pensada para ser un evento que celebre a los adultos mayores, su creatividad, imaginación y energía. Pero es una actividad que requiere una serie de elementos previos para poder llevarse a cabo, tal vez se necesite adquirir algunos de ellos pero como siempre, se debe realizar de la forma más accesible posible:

- Paso 1. Evita los estereotipos negativos. Lo primero es evitar pensamientos en los que la persona se sienta incapaz de crear algo nuevo, ideas como "los adultos mayores no son creativos" son totalmente falsas. Cualquier persona puede crear algo y no necesita ser un artista.
- Paso 2. Elige una meta real. Debes plantear una meta real para esta actividad, si bien es cierto que no necesitas ser un artista para dirigir este tipo de actividad, existen técnicas mucho más complicadas que otras, por lo tanto busca que tu actividad se real y se pueda realizar en un lapso corto de tiempo.
- Paso 3. Selecciona un proyecto grupal. Las actividades grupales tienen muchas ventajas frente a los proyectos individuales. Debes elegir un proyecto en el que todo el grupo de adultos mayores con el que estás trabajando pueda unirse y aportar algo. En el grupo donde yo colaboro elegimos un mandala gigante y cada participante hizo una pieza.
- Paso 4. Disfruta el proceso. Si bien terminar el proyecto es gratificante, cada paso del proceso debe serlo también. Es fundamental integrar al grupo, que sepan qué están haciendo, para qué lo hacen y cuándo debe terminarse. Todos deben trabajar juntos bajo una misma meta disfrutando el proceso.
- Paso 5. Exhíbelo donde todo el mundo lo vea. Después de tanto esfuerzo el grupo de adultos mayores con el que trabajas debe poder apreciar la obra completa. Exhíbelo donde las personas puedan apreciarlo, coloca los nombres de todos los que participaron en el proyecto, ¡haz que se sientan orgullosos de ser parte de ello!

**6. Video:**

http://bit.ly/Actividad30